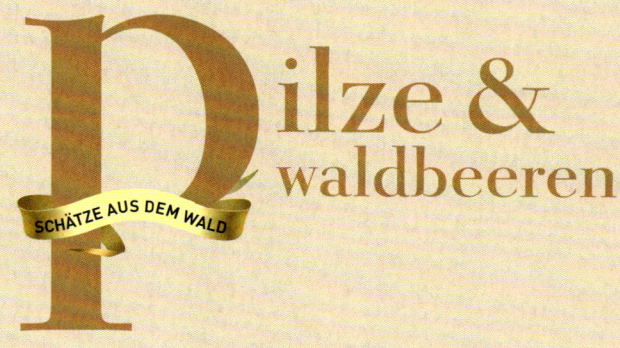

Pilze & waldbeeren

SCHÄTZE AUS DEM WALD

REINHARDT HESS

Pilze & waldbeeren

SCHÄTZE AUS DEM WALD

REINHARDT HESS
FOTOS VON ALEXANDER WALTER

KOSMOS

PILZE &
WALDBEEREN

UND HIER SEHEN SIE ES GANZ GENAU.

DAS IST *wirklich* WICHTIG

. . . .

DARAUF KOMMT'S AN! Hier erläutern wir alles, was zum Gelingen des Rezepts wirklich wichtig ist. Wo es sinnvoll ist, mit Bild, sonst auch ohne.

DUFTENDE GABEN
des Waldbodens

EIN HERBSTLICHER SONNTAGSSPAZIERGANG DURCH WALD UND FLUR
MACHT MIT EINEM KÖRBCHEN IN DER HAND NOCH VIEL MEHR SPASS ...

Fast immer gibt es etwas zu entdecken und zu sammeln, woraus sich zu Hause herzhafte Gerichte oder feine Desserts bereiten lassen. Nach Wildbeeren und Pilzen Ausschau zu halten macht nicht nur Kindern große Freude. Es lässt uns alle die Jahreszeiten viel intensiver erleben. Es öffnet die Augen für das, was sich gerade in der Natur tut, und bereichert den Speisezettel um aromatische, naturbelassene Zutaten. Ob frische Pilze oder vitaminreiche Beeren – die Natur bietet stets etwas Wertvolles.

WEHRHAFTE NATUR

Doch bei aller Begeisterung für die Gaben des Waldes und der Wiesen: Nicht alles ist genießbar und bekömmlich. Die schönen schwarzglänzenden Tollkirschen können tödlich wirken, und auch die leuchtend roten Ebereschenbeeren bringen, roh gegessen, Magen und Darm in Unruhe. Gute Pilz-Bestimmungsbücher gehören zur Standardausrüstung, und nur, was eindeutig erkannt werden konnte, darf auch ins Körbchen. Im Zweifelsfall helfen die Fachleute der Beratungsstellen weiter.

WERTVOLLES ERHALTEN

Was nutzt die schönste Ernte, wenn sie nicht sofort verarbeitet wird? Wildbeeren enthalten wertvolle Vitamine, Mineralstoffe und Fruchtsäuren und schmecken oft intensiver als Kultursorten. Sie müssen aber rasch verarbeitet werden, damit die Inhaltsstoffe erhalten bleiben. Manche Waldpilze verderben wegen ihres Eiweiß- und Wassergehaltes so rasch, dass sie schon am nächsten Tag nicht mehr verwendet werden können. Deshalb finden Sie in diesem Buch jede Menge Rezepte, wie Sie Waldbeeren und Pilze für den Vorrat oder zum Verschenken haltbar machen können. Aber natürlich zeigen wir auch, wie Sie schnelle Gerichte zaubern, Unkompliziertes zubereiten oder mit Muse etwas Aufwendigeres am Wochenende oder für Gäste kochen können.

Und auch wenn das Körbchen einmal nicht ganz voll geworden ist, gibt es viele leckere Möglichkeiten, mit kleinen Pilz- oder Beerenmengen ein duftendes, köstliches Gericht zu zaubern.

VORRÄTE

Länger Freude an der Ernte

PILZE RICHTIG TROCKNEN UND EINLEGEN, AUS
WALDBEEREN KONFITÜREN UND SAFT BEREITEN
ODER EINEN RUMTOPF ANSETZEN. HIER GIBT ES
DIE REZEPTE FÜR DIESE KÖSTLICHKEITEN.

WÜRZPILZE
und Pilzwürze

MANCHMAL IST DER GETROCKNETE PILZ BESSER ALS DER
FRISCHE – UND VOR ALLEM DIE KLEINEN UNSCHEINBAREN
SIND WAHRE WÜRZWUNDER.

Knoblauch- und Nelken-Schwindlinge sind mit ihren dünnfleischigen Hüten als Speisepilze nicht gerade ergiebig, eignen sich aber sehr gut zum Würzen. Bei Morcheln und erst recht bei Knoblauch-Schwindlingen bleibt das intensive Aroma nach dem Trocknen und sogar zerkleinert voll erhalten. Auch Stockschwämmchen eignen sich gut für den Vorrat, sollten aber – wie viele Würzpilze – nur von Erfahrenen gesammelt oder bestimmt werden, da man sie leicht mit gefährlich giftigen Sorten verwechselt. Die Herbsttrompete, auch Totentrompete genannt, ist einer der besten Vorratspilze für den Winter. Für sich allein schmeckt er etwas streng, mit anderen Pilzen kombiniert steuert er ein herzhaft-erdiges, rauchiges Aroma bei. Sogar der Klebrige Hörnling, der in frischem Zustand zäh und ungenießbar ist, entpuppt sich getrocknet und zu Pulver zermahlen als feine und vielseitige Speisewürze.

WÜRZPILZE DÖRREN

Die kleinen Würzpilze sind einfach zu trocknen. Legen Sie sie geputzt auf Küchenpapier oder Wellpappe (diese nimmt die Feuchtigkeit besonders gut auf). An einem gut sonnigen, heißen Platz trocknen die Pilze dann von alleine, bis sie prasseldürr sind. Diese Methode sollten Sie aber nur bei wirklich prallem Sonnenschein anwenden, da die kleinen Pilze schnell zu schimmeln beginnen. Bleibt die Sonne also einmal aus, dörren Sie die Pilze einfach drei Stunden lang bei 50 °C (möglichst mit Umluft) und leicht geöffneter Backofentür.

GROSSE PILZE DÖRREN

Zum Dörren eignen sich auch alle festfleischigen Sorten wie Röhrlinge, Schwindlinge, Morcheln, die Krause Glucke und auch die Stiele von Parasolen. Nicht geeignet sind Milchlinge und Pfifferlinge, sie werden zäh und leicht bitter. Pilze sorgfältig putzen, aber nicht waschen! Nur die Krause Glucke muss gründlich gewaschen werden, was ihrem Geschmack aber nicht schadet. Schneiden Sie die Pilze in dünne Scheiben und reihen Sie sie mit einer Nähnadel locker auf Fäden auf oder breiten Sie sie auf Papier aus. Luftig zwei bis drei Tage trocknen lassen, dann im Backofen bei 50 °C und leicht geöffneter Tür (möglichst mit Umluft) noch drei Stunden nachdörren lassen, bis sie prasseldürr sind. In dicht schließenden Gefäßen aufbewahren. Vor der Verwendung ein bis zwei Stunden in kaltem Wasser einweichen. Weniger schöne Exemplare und zähe Pilzstiele können Sie für eine aromatische Pilzwürze in einer Ge-

WO UND WANN SIE DIE WICHTIGSTEN WÜRZPILZE FINDEN

PILZSORTE	BODEN	PFLÜCK-ZEIT
Habichtspilz	Nadelwald	Aug.–Nov.
Herbsttrompete	Laubwald	Aug.– Nov.
Knoblauch-schwindling	Nadelwald	Juni–Nov.
Nelkenschwindling	Wiese	Mai–Nov.
Speisemorchel	Laubwald	April–Mai
Stockschwämmchen	Laubwald	April–Dez.

würzmühle oder im Mixer pulverisieren – das Ergebnis ist ideal zum Abschmecken von Suppen und Saucen.

PILZ-GEWÜRZSALZ HERSTELLEN

Für 70 g Pilz-Gewürzsalz werden 200 g gemischte Pilze und Putzreste von festen Sorten (keine Milchlinge oder Pfifferlinge) sorgfältig geputzt (nicht gewaschen), in dünne Scheiben geschnitten und auf eine dünne Leine gefädelt oder auf Papier ausgebreitet. Luftig 2–3 Tage trocknen, dann im Backofen bei Umluft (50 °C) in etwa 3 Stunden prasseldürr dörren. Getrocknete Pilze mit 2 EL grobem Meersalz, 2 TL Kümmel, 1 TL Koriandersamen und ½ TL Anissamen in einer sauberen Kaffeemühle mit Schlagwerk oder im Mixer pulverisieren. In eine dunkle, dicht schließende Gewürzdose abfüllen. Kühl und lichtgeschützt gelagert ist das Salz mindestens 1 Jahr haltbar.

DAS IST *wirklich* WICHTIG

[a] KLEINE PILZE Verarbeiten Sie nur kleine, noch nicht völlig ausge- wachsene Pilze mit möglichst unge- öffneten Hüten. Größere Exemplare saugen sich zu sehr mit Essigsud voll und verlieren ihre Form.

[b] PILZE SÄUBERN Da kleine Pilze oft recht sandig sind, dürfen sie hier auch gewaschen werden. In stehen- dem Wasser nur kurz zwischen den Handflächen leicht reiben.

[c] MILDER ESSIG Verwenden Sie guten Weißweinessig mit 5 % Säure, sonst schmecken die Pilze hinterher zu sauer. Den Sud vor dem Auffüllen probieren, bei Bedarf mit etwas Wasser oder Weißwein verdünnen.

[c]

[a]

EINGELEGTE PILZE
in Weißweinessig

DIE EINGELEGTEN PILZCHEN GEBEN EINE SCHNELLE VORSPEISE
AUS DEM VORRAT UND BEREICHERN JEDEN BUNT GEMISCHTEN SALAT.

Zutaten für 3 Gläser

500 g möglichst kleine Waldpilze
(z. B. Maronen- und Rotfuß-
Röhrlinge, Fichtenreizker,
Flaschen-Stäublinge oder
Wiesen-Champignons)

700 ml milder Weißweinessig
(5 % Säure)

3–4 TL Salz

1 TL schwarze Pfefferkörner

besonderes Werkzeug
▪ 3 Gläser (à 350 ml)

Zeitbedarf
▪ 45 Minuten

Haltbarkeit
▪ ungeöffnet mindestens 3 Monate

So geht's

1. Die Pilze [→a] mit dem Küchenpinsel und Küchenpapier säubern, bei Bedarf auch kurz in stehendem Wasser waschen [→b]. Die Pilze putzen und in etwa 2 cm große Stücke schneiden.

2. In einem großen Topf etwa 1 l Wasser mit 350 ml von dem Essig, Salz und Pfefferkörnern aufkochen. Die Pilze hineingeben und 10 Minuten bei mittlerer Hitze kochen, dabei ab und zu vorsichtig umrühren.

3. Die Pilze mit dem Schaumlöffel herausheben und auf sorgfältig heiß gewaschene Gläser verteilen. Den verbliebenen Essigsud bei starker Hitze auf etwa 350 ml einkochen, restlichen Essig zugeben [→c] und noch einmal kräftig aufkochen lassen. Den kochend heißen Sud über die Pilze gießen und die Gläser fest verschließen. Abkühlen lassen. Nach dem Öffnen im Kühlschrank lagern und rasch verbrauchen.

HALTBARKEIT VON PILZEN Pilze enthalten Eiweiß, das sich schnell zersetzen und zu schweren Vergiftungen führen kann. Gefährlich können zu alt gesammelte, zu lange gelagerte oder nicht genügend erhitzte Pilze werden. Getrocknete Pilze, die noch einen Rest Feuchtigkeit enthalten, schimmeln leicht, was an einem hellen Belag zu erkennen ist. Verderben eingemachte oder eingelegte Pilze, wölben sich die Deckel der Gläser oder der Inhalt riecht seltsam bis unangenehm. Diese Pilze unbedingt wegwerfen, auch gründliches Erhitzen macht die Giftstoffe nicht unschädlich.

DER KNOB-
LAUCH DARF
NUR HONIG-
FARBEN
WERDEN.

[b]

DAS IST
wirklich WICHTIG

[a] PILZE ANTROCKNEN Nach dem Antrocknen sollen die Pilze richtig fest, aber nicht ausgetrocknet sein. Eventuell im Ofen bei 50 °C nach-trocknen lassen.

[b] KNOBLAUCH ANDÜNSTEN Das Öl nur auf mittlerer Stufe erhitzen. Der Knoblauch darf nur schwach gedüns-tet und honigfarben werden, damit er nicht bitter schmeckt.

[c] AUSREICHEND OLIVENÖL Die Pilze müssen vollständig von dem Olivenöl bedeckt sein, damit sie nicht verderben. Am nächsten Tag noch einmal nachsehen und bei Bedarf erhitztes Öl nachfüllen.

PILZE IN OLIVENÖL
und Knoblauch

AUS ITALIEN STAMMT DIE METHODE DER „PORCINI SOTT'OLIO". IN OLIVENÖL EINGELEGT, ALS VORSPEISE SCHNELL SERVIERT.

Zutaten für 1 Glas

650 g kleine Pilze (z. B. Wiesen-Champignons, Maronen-Röhrlinge oder Steinpilze)

125 ml Weißweinessig

5 TL Salz

5 Knoblauchzehen

375 ml natives Olivenöl extra

besonderes Werkzeug
- 1 großes Glas (500 ml)

Zeitbedarf
- 35 Minuten +
  12 Stunden ruhen

Haltbarkeit
- mindestens 6 Monate

So geht's

1. Die Pilze mit Pinsel und Küchenpapier säubern, bei Bedarf kurz in stehendem Wasser waschen. Die Stielenden wegschneiden, Pilze vierteln.

2. In einem großen Topf knapp 400 ml Wasser mit dem Essig und Salz zum Kochen bringen. Die Pilze dazugeben und einmal kräftig aufkochen. Topf vom Herd nehmen und die Pilze in dem Sud abkühlen lassen.

3. Die Pilze in ein Sieb abgießen und abtropfen lassen. Auf Küchenpapier ausbreiten, damit sie über Nacht antrocknen können [→a].

4. Die angetrockneten Pilze in das sorgfältig heiß gewaschene Glas füllen.

5. Die Knoblauchzehen schälen und in Scheiben schneiden. In einer Kasserolle das Olivenöl mit den Knoblauchscheiben erwärmen, bis diese eine hellgelbe Farbe angenommen haben [→b]. Das Öl mit dem Knoblauch sofort über die Pilze gießen [→c] und das Glas verschließen. Kühl und dunkel lagern.

Die Variante

Eingelegte Pilze mit Peperoncini

Ein Rezept aus Kalabrien: Der klassische Pilz zu diesem Rezept ist der Rotbraune Scheidenstreifling. Der Sud wird anstatt mit Wasser mit 400 ml Weißwein angesetzt und mit je 1 TL gehackten Rosmarinnadeln und Salbeiblättern sowie 1–2 getrockneten Peperoncini gewürzt. Achtung: Die Scheidenstreiflinge müssen sehr gut erhitzt werden, roh sind sie giftig. Da die zarten Pilzchen beim Sammeln leicht zerdrückt werden, am besten breite, flache Spankörbe mitnehmen und die Pilze nebeneinander auflegen.

WÜRZGEMÜSE
aus Steinpilzen

IN ITALIEN WIRD DAS GESCHMORTE PILZGEMÜSE „SOFFRITTO"
GENANNT UND FÜR PASTASAUCEN VERWENDET.

Zutaten für 2 Gläser

2 Zwiebeln

3 Knoblauchzehen

1 Bund Petersilie

je 4 Zweige Oregano und Basilikum

2 Zweige Rosmarin

400 g festfleischige Steinpilze

ca. 250 ml natives Olivenöl extra

Salz, Pfeffer aus der Mühle

besonderes Werkzeug
- 2 Gläser (à 350 ml)

Zeitbedarf
- 30 Minuten

Haltbarkeit
- mindestens 6 Monate

So geht's

1. Die Zwiebeln und den Knoblauch schälen, fein hacken. Die Kräuter waschen, trocken schütteln und die Blättchen bzw. Nadeln abzupfen, fein hacken. Die Steinpilze mit Pinsel und Küchenpapier säubern, putzen und sehr klein würfeln.

2. In einem Topf etwa 50 ml Olivenöl auf mittlerer Stufe erhitzen. Zwiebel- und Knoblauchwürfel sowie gehackte Kräuter darin 3 Minuten andünsten. Die Pilzwürfel dazugeben und bei etwas stärkerer Hitze 5 Minuten unter Rühren braten, bis der austretende Pilzsaft verdampft ist und die Steinpilze leicht bräunen. Die Mischung mit Salz und Pfeffer abschmecken, in sorgfältig heiß gewaschene Gläser füllen. Mit dem übrigen Olivenöl gut bedecken und die Gläser verschließen.

3. Die Gläser mit der Mischung über Nacht an einem kühlen Ort ruhen lassen. Anschließend bei Bedarf weiteres Olivenöl nachgießen, sodass Pilze und Gemüse gut bedeckt sind. Kühl und lichtgeschützt lagern.

EINGEKOCHTE PILZE
für Saucen und Salate

EINFACH IN SALZWASSER EINGEKOCHT SIND DIE PILZE SAMT IHREM WÜRZIGEN SUD FÜR WARME UND KALTE GERICHTE VERWENDBAR.

Zutaten für 4 Gläser

ca. 1 kg festfleischige Pilze (z. B. Wiesen-Champignons, Birkenpilze, Maronen-Röhrlinge, Frauen-Täublinge oder Steinpilze)

4 TL Salz

besonderes Werkzeug
- 4 Gläser (à 350 ml)

Zeitbedarf
- 30 Minuten +
  1 Stunde kochen

Haltbarkeit
- mindestens 1 Jahr

So geht's

1. Die Pilze grob säubern und sorgfältig putzen (von älteren Röhrenpilzen die Röhren entfernen). In nicht zu kleine Stücke schneiden und in stehendem Wasser kurz waschen. Pilzstücke in einen Topf geben, mit Salz bestreuen und mit 1 l kaltem Wasser aufgießen. Langsam aufkochen, dabei immer wieder den Schaum abschöpfen. Etwa 10 Minuten leise köcheln lassen.

2. Pilze mit dem Schaumlöffel bis 3 cm unter den Rand in sorgfältig heiß gewaschene Gläser füllen, das Kochwasser bis 2 cm unter den Rand dazugießen. Die Gläser verschließen und auf ein tiefes Backblech stellen, in den Ofen schieben. Etwas heißes Wasser auf das Backblech gießen und den Ofen auf 90 °C (Umluft 80 °C) schalten. Die Pilze 1 Stunde einkochen, dann im Ofen abkühlen lassen. Kühl und lichtgeschützt lagern.

Die Variante

Pilzfond
500 g gemischte festfleischige Pilze waschen, putzen, fein hacken. In einem Topf mit etwas Salz bestreuen. Auf mittlerer Stufe erhitzen, bis sie Flüssigkeit abgeben (bei sehr festen Pilzen 350 ml Wasser dazugießen). Wenn der Sud würzig riecht, in eine Schüssel abschöpfen und durch 350 ml frisches Wasser ersetzen. Vorgang 3- bis 4-mal wiederholen, bis die Pilzstücke kein Aroma mehr abgeben. Sud mit noch etwas Salz auf etwa 600 ml einkochen. In Gläschen oder Eiswürfelbehälter füllen. Im Kühlschrank etwa 6 Monate, tiefgekühlt 1 Jahr haltbar.

DIE RÖHREN VOR DEM KOCHEN ENTFERNEN.

[a]

DAS IST *wirklich* WICHTIG

[a] RÖHRENSCHICHT ENTFERNEN
Vor allem von reiferen Röhrenpilzen die Röhrenschicht (den Schwamm) an der Unterseite der Hüte mit einem scharfen Messer bis ans Fleisch abschälen und nicht verarbeiten. So bleiben die Pilze beim Kochen fest.

[b] KLEINE PORTIONEN Nicht zu viele Pilze in einen Beutel geben. Kleinere Portionen hintereinander lassen sich dann besser braten als eine größere Menge auf einmal. Es sammelt sich nicht so viel Flüssigkeit in der Pfanne und die Pilze werden nicht schwammig.

PILZE TIEFGEKÜHLT
für den Vorrat

DIE MEISTEN PILZSORTEN EIGNEN SICH ZUM EINFRIEREN. WER PLATZ IN DER TRUHE HAT, KONSERVIERT SO SEINE SCHÄTZE BESONDERS EINFACH.

Zutaten für 8 Portionen

1 kg Pilze
(Röhrlinge wie Steinpilze, Maronen- oder Rotfuß-Röhrlinge)

besonderes Werkzeug
- evtl. Vakuumiergerät

Zeitbedarf
- 30 Minuten

Haltbarkeit
- mindestens 6 Monate

So geht's

1. Die Pilze sorgfältig mit Pinsel und Küchenpapier säubern, putzen, Stielenden wegschneiden. Bei reiferen Röhrlingen die weiche Röhrenschicht (den Schwamm) unter dem fleischigen Hut entfernen [→a]. Die Pilze in etwa 3 cm große Stücke schneiden, madendurchzogene Teile wegwerfen.

2. Die Pilzstücke in kleine Portionen aufteilen [→b] und in Gefrierbeutel geben. Die Pilze möglichst flach nebeneinander anordnen, die Luft sanft aus dem Beutel drücken oder mit dem Vakuumiergerät absaugen. Die Beutel gut verschließen und flach bei starker Gefrierstufe (-18 °C) tiefkühlen.

Die Varianten

Parasole
Die flachen Hüte mit noch festen Lamellen verwenden. Hüte ganz lassen, zähe Stielteile wegschneiden. Pilzteile flach nebeneinander in Gefrierbeutel legen, die Luft sanft herausdrücken oder absaugen und die Beutel verschließen. Flach lagernd im Gefrierfach rasch tiefkühlen.

Pfifferlinge, Hallimasche, Semmelstoppelpilze
Reichlich Wasser aufkochen, die vorbereiteten Pilze hineingeben und bei starker Hitze 3 Minuten kochen. In ein Sieb abgießen und mit kaltem Wasser abbrausen. Gut abgetropft in Beutel abfüllen und ins Gefrierfach legen.

ZUR ZUBEREITUNG geben Sie die Pilze unaufgetaut in eine Pfanne mit heißem Fett. Bei starker Hitze rasch anbraten. Die gefrorenen Pilze geben mehr Flüssigkeit ab als frische und sind schneller gar.

PILZE SAMMELN
Unterwegs mit einem Kenner

IM NADELWALD

Das erste Ziel ist ein Fichtenwald mit alten, locker stehenden Bäumen. Tatsächlich schlingen sich wilde Brombeeren über den Boden und stellen Fußfallen. Daneben verlocken Heidelbeeren zum Naschen. „Heidelbeeren wachsen auf nährstoffarmen, sauren Böden. In ihrer Nähe sind oft auch Röhrenpilze zu finden."

Den Blick fest auf die Erde gerichtet, streifen die Sammler durch die Wälder. „Doch wer Pilze finden will, muss zuerst nach oben schauen", sagt der Fachmann. Die gesuchten Exemplare gedeihen nämlich nur unter bestimmten Bäumen. Die Fichten-Steinpilze, die Maronen- und die Rotfuß-Röhrlinge wie auch die Ziegenlippe findet man im Nadelwald im Wurzelbereich der Fichten. Andere Röhrlinge wachsen nur unter Lärchen, der Sommer-Steinpilz ist wie der Parasol ein Partner der Buchen.

ZUERST ANSEHEN

Juhu, ein schöner Pilz! Mitnehmen und zu Hause nachblättern, ob er essbar oder giftig ist. Falsch! Vor der Ernte mit einem guten Bestimmungsbuch genau zuordnen. Viele Merkmale wie Standort, Boden und Nachbarpflanzen sind später meist vergessen. Und wenn nur ein Merkmal fehlt, das auf ein essbares Exemplar hinweist, den Pilz in der Erde stehen lassen. Auch ungenießbare Pilze erfüllen im Haushalt der Natur eine wichtige Rolle.

DREHEN ODER SCHNEIDEN

Der erste Röhrling ist entdeckt. Schnell das Messer gezückt und den Stiel abgeschnitten, oder? „Man darf den Pilzstiel vorsichtig aus dem Boden drehen", wird uns erklärt, „das schadet dem unterirdischen Pilzgeflecht nicht. Aber das Loch wieder mit Erde zudecken, damit die Wurzelfasern nicht austrocknen." Wieder etwas gelernt. Einmal geerntet, lassen sich Pilze mit noch vollständigem Stiel dann auch leichter bestimmen. Hinein in den Korb? Halt, erst putzen!

PRÜFEN UND PUTZEN

Bei älteren Pilzen werden Hut und Stiel durchgeschnitten. Sind diese von Madengängen stark durchzogen, bleibt der Pilz liegen. Schöne Exemplare werden mit dem Messer von angefressenen Stellen, Schnecken, Erde, Nadeln und Laub befreit. Stielbasis und eventuelle Manschetten bleiben aber dran. Muss der Pilz nachbestimmt werden, sind sie wichtige Merkmale. Schleimige Huthaut, wie etwa die des Butterpilzes, darf vor Ort abgezogen werden.

LIEBER MEHRFACH VORSICHTIG

Pilze, bei denen wir nicht ganz sicher sind, nehmen wir getrennt von eindeutig bestimmten Kollegen mit nach Hause. Dort wird alles noch einmal in Ruhe mit den Bestimmungsbüchern verglichen (Empfehlungen auf Seite 142).

WALDERDBEER-KONFITÜRE
mit Zitrone

DAS VOLLMUNDIGE AROMA DER SÜSSEN WALDBEEREN WIRD
DURCH DIE SÄURE DER ZITRONEN ANGENEHM ERGÄNZT.

Zutaten für 3 Gläser

750 g reife Walderdbeeren

1 Bio-Zitrone

ca. 400 g Gelierzucker (1:1)

besonderes Werkzeug
- feines Sieb
- evtl. Einmachtrichter
- 3 kleine Gläser (à 200 ml)

Zeitbedarf
- 45 Minuten

Haltbarkeit
- ungeöffnet mindestens
  6 Monate

So geht's

1. Walderdbeeren unter eiskaltem Wasser kurz abbrausen, im Sieb abtropfen lassen, dann erst die Kelchblätter abzupfen [→a] und die Beeren in einen Topf geben. Etwa 75 ml kaltes Wasser dazugießen und aufkochen lassen. Die Beeren 15 Minuten bei schwacher Hitze kochen, dabei mit einem Silikonspatel oder Holzlöffel umrühren und die Beeren zerdrücken.

2. Das Sieb stabil auf eine Schüssel setzen, sodass darunter genug Platz für das Püree frei bleibt. Das Erdbeerpüree in das Sieb füllen. Mit dem Silikonspatel nun das Püree durch das Sieb drücken, bis nur noch ein trockener, fester Rückstand (die kleinen Kerne) übrig ist [→b].

3. Die Zitrone heiß waschen, trocknen, etwa 1 EL Schale abraspeln. Die Zitrone auspressen. Den Saft und die Schalenraspel zu den Erdbeeren geben. Die Gesamtmenge wiegen und mit der gleichen Gewichtsmenge Gelierzucker in einen Topf füllen.

4. Die Mischung bei starker Hitze aufkochen und 4 Minuten unter festem Rühren sprudelnd kochen lassen. Am besten mit dem Einmachtrichter sofort in die sorgfältig heiß gewaschenen Gläser füllen und verschließen.

SAUBERE GLÄSER Bekleckerte Gläser sorgen bekanntlich für klebrige Finger, aber auch für vermehrte Schimmelbildung. Läuft trotz Einmachtrichter einmal etwas daneben, das Glas anschließend mit einem wodkagetränkten Tuch säubern.

DAS IST
wirklich
WICHTIG

[a] ERST WASCHEN, DANN PUTZEN
Der aromatischste Teil der Beeren
steckt rund um ihren Kelch. Wird
dieser Teil erst nach dem Waschen
entfernt, bleibt viel Geschmack erhalten.

[b] SIEB ABSTREIFEN Nicht vergessen, mit dem Spatel das Püree in den
Topf zu streifen, das an der Unterseite des Siebs haften geblieben ist.

DAS IST
wirklich
WICHTIG

....

[a] ZERTEILEN Hagebutten sind so feste Früchte, dass das Messer beim Zerteilen leicht abrutscht. Deshalb in die Saftrinne eines Bratenbretts legen, das gibt festen Halt.

[b] HANDSCHUHE Kerne und Härchen der Hagebutten rufen auf der Haut Juckreiz hervor. Tragen Sie daher bei der Verarbeitung Einweghandschuhe.

[c] DURCH EIN SIEB STREICHEN Selbst nach dem Pürieren bleiben die harten Häute der Hagebutten stückig zurück. Daher alles durch ein feines Sieb streichen.

[a]

HAGEBUTTENMARK
mit Weißwein

ES MACHT ETWAS MÜHE, DIE HÄRCHEN AUS DEN FRÜCHTEN ZU ENTFERNEN.
DOCH EIN SO FEINES UND GESUNDES PÜREE GIBT ES NICHT ZU KAUFEN.

Zutaten für 4 Gläser

1 kg Hagebutten

200 g Zucker

200 ml Weißwein

besonderes Werkzeug
- Bratenbrett mit Saftrinne
- Einweghandschuhe
- Pürierstab
- 4 Gläser (à 175 ml)

Zeitbedarf
- 2 Stunden + 1 Stunde
  45 Minuten kochen

Haltbarkeit
- ungeöffnet mindestens
  6 Monate

So geht's

1. Die Hagebutten in kaltem Wasser waschen, Blütenansätze und Stielchen mit einem stabilen Messer wegschneiden, die Früchte in der Saftrinne des Bratenbretts längs vierteln [→a].

2. Die Kerne samt den daran haftenden Härchen mit einem kleinen Messer oder dem Daumennagel (Einweghandschuhe tragen [→b]) aus der Frucht herauskratzen. Die Fruchtviertel in eine Schüssel mit kaltem Wasser legen, damit sich die restlichen Härchen ablösen.

3. Die restlichen an der Wasseroberfläche schwimmenden Härchen abgießen. So lange mit frischem Wasser nachspülen, bis keine Härchen mehr zu sehen sind. Die gesäuberten Hagebuttenviertel im Sieb abtropfen lassen.

4. Die Hagebuttenviertel mit Zucker, Weißwein und ¼ l Wasser in einen Topf geben, aufkochen, dann zugedeckt bei mittlerer Hitze gut 1 Stunde weich kochen. Bei Bedarf Wasser nachgießen, es soll aber ein sehr dickflüssiges Mus entstehen.

5. Die gekochten Früchte im Topf mit dem Pürierstab fein pürieren, anschließend durch ein Sieb streichen [→c]. Das Mus in die sorgfältig heiß gewaschenen Gläser füllen und verschließen. Gläser in den Backofen stellen. Bei 90 °C (Umluft 80 °C) 45 Minuten einkochen. Im Ofen abkühlen lassen. Kühl und lichtgeschützt lagern. Nach dem Öffnen rasch verbrauchen.

Die Variante

Süßes Hagebuttenmark
Die Früchte wie beschrieben entkernen und von den Härchen befreien. Mit knapp ¼ l Wasser kurz aufkochen, den Topf vom Herd nehmen und ½ l nicht zu herben Rotwein zugießen. Zugedeckt 2 bis 3 Tage ruhen lassen. Danach alles erneut aufkochen und 15 Minuten zugedeckt bei schwacher Hitze kochen lassen. Im Topf mit dem Pürierstab fein pürieren und durch ein Sieb streichen. Das Mus mit 500 g Zucker vermischen, aufkochen und unter ständigem Rühren 15 Minuten leise sprudelnd kochen. Heiß in Gläser füllen und bei 90 °C 30 Minuten im Backrohr erhitzen.

EBERESCHEN-CHUTNEY
mit fruchtiger Mango

PASST BESONDERS GUT ZU WÜRZIGEN INDISCHEN SCHMORGERICHTEN,
ABER AUCH ZU ANDEREN SPEISEN MIT GEFLÜGEL, LAMM ODER WILD.

Zutaten für 2 Gläser

- 2 reife Mangos
- 2 EL Zitronensaft
- 50 g Ebereschenbeeren
- 1 Zwiebel
- 2 Knoblauchzehen
- 30 g frischer Ingwer
- 2 frische rote Chilischoten
- 150 g Zucker
- 150 ml Weißwein oder Apfelsaft
- 2 TL Currypulver (mild oder scharf)
- 1 TL Kurkuma
- 1 EL Essigessenz
- Salz

besonderes Werkzeug
- 2 Gläser (à 200 ml)

Zeitbedarf
- 40 Minuten

Haltbarkeit
- mindestens 3 Monate

So geht's

1. Die Mangos waschen, schälen und das Fruchtfleisch von den Steinen schneiden. Das Fruchtfleisch klein würfeln und mit dem Zitronensaft beträufeln. Von den Ebereschenbeeren Stiele und Blütenansätze entfernen, Beeren waschen und abtropfen lassen.

2. Zwiebel, Knoblauch und Ingwer schälen, alles sehr fein würfeln. Die Chilischoten waschen, putzen und längs halbieren, Kerne und Trennwände mit einem Messer herausschaben. Die entkernten Schoten in feine Streifen schneiden.

3. Den Zucker in eine helle Kasserolle streuen (so erkennt man gleich, ob er eventuell zu dunkel wird) und mit etwa 1 EL Wasser anfeuchten. Möglichst ohne umzurühren erhitzen, bis der Zucker kräftig brodelt (er soll nur schmelzen, nicht karamellisieren).

4. Die Zwiebel-, Knoblauch- und Ingwerwürfel zu dem geschmolzenen Zucker geben, Chilischotenstreifen und Ebereschenbeeren unterrühren und 5 Minuten bei schwacher Hitze schmoren. Den Wein dazugießen (Vorsicht, es kann spritzen) und die Mangowürfel untermischen. Alles weitere 5–10 Minuten dünsten, bis die Mangowürfel zu zerfallen beginnen.

5. Die Mischung mit Currypulver, Kurkuma, Essigessenz und Salz pikant abschmecken, noch einmal kräftig aufkochen lassen. Das Chutney in sorgfältig heiß gewaschene Gläser füllen, verschließen und abkühlen lassen. Bald verbrauchen oder gekühlt lagern.

KORNELKIRSCH-KONFITÜRE
mit feuriger Chili

DAS EHER NEUTRALE, VIELSEITIG VERWENDBARE AROMA DER KORNELKIRSCHE WIRD HIER SCHÖN ERGÄNZT DURCH DIE SCHARFEN CHILISCHOTEN.

Zutaten für 2 Gläser

1,2 kg reife Kornelkirschen

2–3 fleischige rote Chilischoten

ca. 400 g Gelierzucker (1:1)

besonderes Werkzeug
- 2 Gläser (à 350 ml)

Zeitbedarf
- 20 Minuten +
- 1 Stunde kochen

Haltbarkeit
- mindestens 1 Jahr

So geht's

1. Die Kornelkirschen waschen, Stiele entfernen. Die Kirschen in einen Topf geben, gut 100 ml Wasser dazugießen, aufkochen und zugedeckt etwa 1 Stunde bei schwacher Hitze weich kochen. Die Chilischoten waschen, putzen und längs halbieren, die Kerne und Trennwände entfernen, die Schoten in feine Streifen schneiden.

2. Die Kornelkirschen in ein grobmaschiges Sieb abgießen, den Saft dabei auffangen und beiseitestellen. Die Kirschen mit einem Silikonspatel oder Holzlöffel durch ein feines Sieb streichen, sodass Häute und Kerne in dem Sieb bleiben.

3. Die Chilischotenstreifen zu dem Kirschpüree geben, alles abwiegen, in einen Topf füllen und mit der gleichen Gewichtsmenge Gelierzucker vermischen. Unter Rühren aufkochen und bei starker Hitze offen 4–5 Minuten sprudelnd kochen lassen. In sorgfältig heiß gewaschene Gläser füllen und verschließen. Kühl und lichtgeschützt lagern.

HALTBARKEIT Sie verlängern die Haltbarkeit einer Konfitüre, wenn Sie die Gläserdeckel vor dem Verschließen mit reinem Alkohol ausreiben.

HOLUNDERBEERSAFT

mit wertvollen Vitaminen

DER SCHWARZROTE, HERBE SAFT LÖSCHT KALT MIT SPRUDEL VERDÜNNT DEN
DURST. HEISS UND MIT ETWAS HONIG GESÜSST HILFT ER BEI ERKÄLTUNGEN.

Zutaten für 7 kleine Flaschen

3 kg reife Holunderbeeren
(ca. 4 kg Holunderdolden)

besonderes Werkzeug

- Dampfentsafter oder großer,
  gut schließender Topf mit
  Siebeinsatz und 1 Leinentuch
  (alternativ Jutestoff)
- Trichter
- 7 Flaschen mit Schraubver-
  schluss (à 250 ml)
- hoher Topf (mit Deckel;
  Rand höher als Flaschenhöhe)

Zeitbedarf

- 1 Stunde +
  2 Stunden 30 Minuten kochen

Haltbarkeit

- mindestens 1 Jahr

So geht's

1. Die Holunderdolden waschen und trocken schütteln, dabei abfal-
lende Beeren in einer Schüssel sammeln. Die reifen Beeren von
der Dolde ebenfalls in die Schüssel abrebeln [→a].

2. Die abgefallenen und abgerebelten Beeren in einem Dampfentsafter nach Gerätebeschreibung entsaften. Alternativ dazu den Siebeinsatz des großen Topfes mit dem Leinentuch auslegen, die Beeren in das Tuch füllen und mit einem Teller abdecken. Den Teller
mit einem Gewicht beschweren. In den Topf ¼ l Wasser gießen,
den Siebeinsatz mit der Befüllung einhängen, den Topf zudecken.
Bei starker Hitze einmal aufkochen und dann bei ganz schwacher
Hitze etwa 1 ½ Stunden leise sieden lassen.

3. Den Topf vom Herd nehmen und handwarm abkühlen lassen. Das
Gewicht und den Teller abnehmen. Den Trester über dem Topf
durch langsames Zusammendrehen des Tuches auspressen [→b].

4. Den Saft durch den Trichter in die sorgfältig heiß gewaschenen
Flaschen füllen und diese verschließen. Die Flaschen in den hohen
Topf stellen und Wasser bis knapp unterhalb der Flaschenöffnun-
gen dazugießen. Zugedeckt aufkochen lassen und den Flaschen-
inhalt bei schwacher Hitze 45 Minuten einkochen. Die Flaschen in
dem Topf abkühlen lassen. Kühl und lichtgeschützt lagern.

[a]

DAS IST *wirklich* WICHTIG

[a] **BEEREN ABREBELN** Beim Abrebeln lassen sich am besten die reifen von den unreifen (giftigen) Beeren trennen: Reife Beeren lösen sich leicht ab, unreife bleiben hartnäckig am Stängel hängen. Die Dolde am Stiel halten und die Beeren mit einer sanften Drehbewegung der anderen Hand abziehen.

[b] **TRESTER AUSPRESSEN** Beim Auspressen des Tuches den Beerentrester etwas kneten und drücken, sodass möglichst viel Saft austritt.

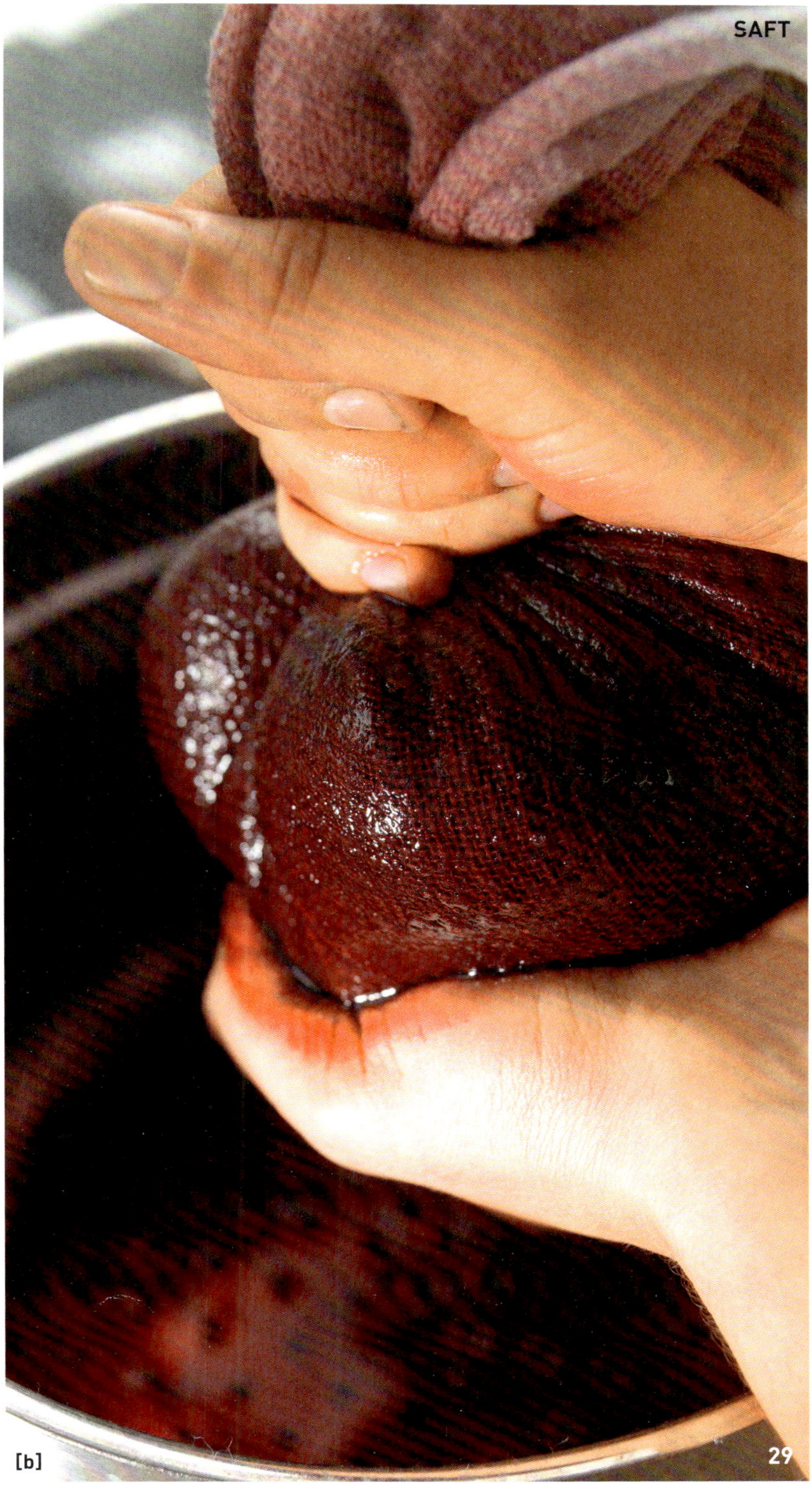

[b]

DAS IST
wirklich WICHTIG

[a] BEEREN GUT TROCKNEN
Die Beeren sollen vollständig trocken sein, sonst verwässern sie den Rum und fangen an zu gären.

[b] RUM ANGIESSEN
Den Rum so an der Topfwand entlang eingießen, dass die oberste Beerenschicht mit Zucker bedeckt bleibt. So verderben die Beeren nicht, der Zucker löst sich nach und nach von selbst auf.

[c] RUMPEGEL KONTROLLIEREN
Überprüfen Sie während der Lagerzeit ab und zu, ob die Beeren noch vollständig mit Rum bedeckt sind. Eventuell etwas Rum nachfüllen.

[b]

WILDBEEREN-RUMTOPF
aus Wald und Heide

MINDESTENS BIS NOVEMBER SOLLTE DER RUMTOPF IN RUHE REIFEN KÖNNEN.
DANN SCHMECKT ER HERRLICH AUF GRIESSBREI ODER ZU VANILLEEIS.

Zutaten für 1 l Rumtopf

125 g reife, aber noch feste Walderdbeeren

125 g Himbeeren

ca. 450 ml brauner Übersee-Rum (54 % Alkohol)

ca. 250 g Zucker

125 g Heidelbeeren

125 g Preiselbeeren oder Moosbeeren

besonderes Werkzeug
- glasierter Tontopf oder großes Glas (1 l)

Zeitbedarf
- 45 Minuten + 3 Monate ruhen

Haltbarkeit
- mindestens 1 Jahr

So geht's

1. Mit dem ersten Schritt sollten Sie im Juni oder Juli beginnen – jetzt ist die richtige Saison, um die Erdbeeren und Himbeeren zu verarbeiten. Die Früchte lagenweise in ein Sieb streuen und verlesen. Das Sieb in stehendem lauwarmem Wasser vorsichtig schwenken, abtropfen lassen, von den Erdbeeren die Kelchblätter abzupfen. Die Beeren auf Küchenpapier trocknen lassen [→a].

2. Die vollständig getrockneten Beeren abwiegen. Die gleiche Gewichtsmenge an Rum und die halbe Gewichtsmenge an Zucker bereitstellen (auf 250 g Beeren kommen also 250 ml Rum und 125 g Zucker). Eine Schicht Beeren in den sorgfältig heiß gewaschenen Topf füllen, mit etwas Zucker bestreuen, wieder Beeren und Zucker einfüllen, bis alles eingeschichtet ist.

3. Den Rum seitlich angießen [→b], sodass die Beeren gut bedeckt sind. Das Gefäß gut verschließen (mit Klarsichtfolie oder Deckel), an einem kühlen und sicheren Ort bis Ende Juli ruhen lassen.

4. Im August haben Heidelbeeren und Preiselbeeren Saison: wie die Beeren in Schritt 1 verlesen und waschen, gut trocknen lassen und abwiegen. Zucker in gleicher Menge abwiegen. Jetzt sollte etwas weniger Rum genügen (auf 250 g Beeren kommen etwa 200 ml Rum). Wieder abwechselnd Beeren und Zucker über die bereits eingelagerten Himbeeren und Erdbeeren schichten. Seitlich Rum angießen, bis wieder alle Beeren gut bedeckt sind. Topf wiederum verschließen. Bis November ungestört ruhen lassen [→c].

RUM Achten Sie darauf, Rum mit einem Alkoholgehalt von 54 % zu verwenden. Bei geringerem Alkoholgehalt kann der Rumtopf leicht verderben.

RASCH FERTIG

Einfach etwas Gutes kochen

AUCH MIT WENIG AUFWAND LASSEN SICH AUS SELBSTGESAMMELTEM WUNDERBARE GERICHTE FÜR JEDEN TAG ZUBEREITEN. NUDELGERICHTE, AUFLÄUFE AUS PILZEN ODER SÜSSE BEERENDESSERTS.

FLEISCHIGE PILZE
sammeln und genießen

IM HERBST SCHIESSEN DIE GROSSPILZE SPRICHWÖRTLICH AUS DEM BODEN. DANN MÜSSEN DIE PILZFREUNDE FRÜH AUFSTEHEN UND ZUM SAMMELN GEHEN, SONST SIND DIE SCHÖNSTEN EXEMPLARE WEG.

Vor allem die Röhrlinge sind begehrt, denn ihr festes Fruchtfleisch ergibt schnell eine herzhafte Mahlzeit, die wunderbar duftet und köstlich schmeckt.

WICHTIGE EIWEISSTRÄGER

Wenn es auch etwas übertrieben ist, vom „Fleisch des Waldes" zu sprechen, so enthalten Pilze doch beachtliche Nährwerte – vor allem aber sehr hohe Genusswerte. Ihr Eiweißgehalt liegt zwar nur bei drei bis sechs Prozent (bei Kartoffeln, zum Vergleich, sind es etwa zwei Prozent), trotzdem macht eine Pilzmahlzeit rundum und nachhaltig satt. Pilz-Eiweiß kann unser Körper nämlich nicht so schnell verarbeiten. Für eine optimale Verwertung sollten die Pilze stets gut zerkleinert und sorgfältig gegart werden. Roh sind fast alle Speisepilze wenig bekömmlich oder sogar giftig.

NAHEZU FETTFREIE KOST

In der Hauptsache bestehen Pilze zwar aus Wasser (bis 90 Prozent), enthalten aber wertvolle Vitamine aus der B-Gruppe und Vitamin D, das wichtig für den Knochenaufbau ist. Ihr Fettgehalt ist äußerst gering, deshalb sollte man bei der Zubereitung nicht mit Butter oder Öl sparen.

RÖHRLINGE

Kulinarisch am interessantesten unter den Herbstpilzen ist die Familie der Röhrlinge. Zu ihr gehören der Steinpilz, der Maronen- und Rotfuß-Röhrling sowie die Ziegenlippe. Am leichtesten sind diese alle zu bestimmen, wenn man darauf achtet, dass die Pilze keine rosa oder roten Röhren haben. Die Röhrlinge wachsen vor allem in Kiefernwäldern, eine Ausnahme ist der Lärchen-Röhrling (wo er wächst, verrät schon sein Name).

SCHIRMLINGE

Neben den Röhrlingen eignen sich auch die „Schnitzelpilze" für eigenständige Gerichte. Vor allem der Riesenschirmpilz, der Parasol, ergibt paniert und gebraten ein feines „falsches Schnitzel". Er gedeiht gerne am Rand von Laubwäldern. Seltener ist der Riesenbovist (er wird bis zu 50 cm groß). Solange dessen Fleisch noch weiß und fest ist, kann es in Scheiben geschnitten und ebenfalls wie ein Schnitzel zubereitet werden.

SCHWAMMARTIGE SORTEN

Schließlich gibt es noch die Krause Glucke. Sie sieht aus wie ein übergroßer Badeschwamm und wächst auf dem Wurzelholz von Kiefern. Ihr würziges Fleisch bleibt auch nach längerem Kochen angenehm im Biss und lässt sich auf jede nur denkbare Art zubereiten. Die Krause Glucke ist etwa ein dankbarer Ersatz in allen Rezepten, die sonst Kutteln vorsehen.

WO UND WANN SIE DIE WICHTIGSTEN FLEISCHIGEN PILZE FINDEN

PILZSORTE	BODEN	PFLÜCK-ZEIT
Birkenpilz	Birken	Juni–Okt.
Krause Glucke	Kiefern-wald	Juli–Okt.
Maronen-Röhrling	Nadel-/Mischwald	Juni–Nov.
Parasol	Laubwald	Juli–Okt.
Riesenbovist	Wiese	Aug.–Okt.
Rotfuß-Röhrling	Nadelwald	Juli–Nov.
Steinpilz	Nadelwald	Juli–Nov.
Ziegenlippe	Nadelwald	Juli–Okt.

RADIOAKTIVITÄT

Als Folge des Reaktorunfalls von Tschernobyl (1986) enthalten die oberen Bodenschichten auch in unserem Raum immer noch radioaktives Cäsium. Vor allem Maronen- und Rotfuß-Röhrlinge sind belastet – von ihnen sollte man höchstens 250 g pro Woche verzehren. Das Bundesministerium für Ernährung, Landwirtschaft und Verbraucherschutz (www. bmelv. de) informiert zum Reaktorunglück in Japan vom Frühjahr 2011.

DAS IST *wirklich* WICHTIG

[a] PILZHÜTE PUTZEN Es genügt, die Pilzhüte nur mit einem weichen Pinsel zu säubern, sie sind selten sehr verschmutzt.

[b] SALATSAUCE Das Olivenöl am besten mit einer Gabel kräftig unter die Essigmischung schlagen, bis eine schaumig-cremige Salatsauce entstanden ist.

[c] PILZE PANIEREN Nach dem Bestreichen mit Senf die Pilze sorgfältig in die Semmelbrösel drücken – vor allem auf den Lamellenseiten, damit sie sich beim Braten nicht zu stark mit Öl ansaugen.

[c]

KNUSPER-PARASOLE
auf frischem Blattsalat

DIE ERFRISCHENDE MISCHUNG AUS ROMANA, RUCOLA UND KIRSCHTOMATEN ERHÄLT DURCH WÜRZIG PANIERTE PARASOLSTÜCKE EINE HERZHAFTE ERGÄNZUNG.

Zutaten für 4 Portionen

150 g Parasole oder Safran-Riesenschirmpilze

1 kleiner Romanasalat

1 Bund Rucola

150 g Kirschtomaten

2 EL Weißweinessig

1 EL Aceto balsamico

Salz, Pfeffer aus der Mühle

1 Prise Zucker

6 EL Olivenöl

1 EL fein geschnittene Basilikumblätter

2–3 EL mittelscharfer Senf

4 EL Semmelbrösel

ca. 4 EL Öl zum Braten

Zeitbedarf
▪ 35 Minuten

So geht's

1. Von den Pilzen die harten Stiele wegschneiden, die Manschetten abziehen und säubern, die Pilzhüte vorsichtig putzen [→a] und vierteln.

2. Den Romanasalat und den Rucola verlesen, waschen und abtropfen lassen. Romanablätter in Streifen schneiden. Die Kirschtomaten waschen, trocknen und halbieren. Romanastreifen, Rucola und halbierte Tomaten locker vermischen, auf Tellern verteilen.

3. Für die Salatsauce Essig und Aceto balsamico mit Salz, Pfeffer und Zucker verrühren. Das Olivenöl nach und nach unterschlagen [→b]. Geschnittene Basilikumblätter untermischen. Die Sauce über den Salat träufeln.

4. Die geviertelten Pilzhüte auf beiden Seiten dick mit Senf bestreichen. Die Semmelbrösel auf einen flachen Teller streuen und die Pilzhüte sorgfältig in die Brösel drücken [→c].

5. In der Pfanne das Öl erhitzen. Die panierten Pilzviertel bei mittlerer Hitze erst auf der glatten, dann auf der Lamellenseite je 3–4 Minuten knusprig braten. Die abgelösten Manschetten kurz mit erhitzen. Pilzviertel und Manschetten aus der Pfanne heben, kurz auf Küchenpapier entfetten und auf dem Salat anrichten.

Die Variante

Feldsalat mit Austern-Seitlingen
Im Frühjahr haben die Austern-Seitlinge Saison. Sie können auf die gleiche Art zubereitet werden. 200 g panierte und gebratene Pilze am besten auf 150 g Feldsalat anrichten. Für das Dressing 3 EL Weißweinessig mit 6 EL Walnussöl verschlagen. Mit Salz und Pfeffer und frischen Kräutern nach Belieben würzen.

DIE STIELE DER PARASOLE sind zwar recht hart und zäh, ihr Geschmack ist aber ausgesprochen würzig. Getrocknet lassen die Stiele sich wunderbar für ein Pilz-Gewürzsalz (siehe Seite 11) verwenden.

[b]

DAS IST *wirklich* WICHTIG

[a] HEIDELBEEREN ZERDRÜCKEN
Verwenden Sie gut ausgereifte Heidelbeeren, sonst lassen sie sich nur schwer zerdrücken und es gibt Spritzer. Am besten eine tiefe Schüssel nehmen, denn der Saft färbt stark.

[b] GARNIEREN Den Heidelbeer-Frischkäse in einen kleinen Gefrierbeutel füllen, eine Ecke nicht zu knapp abschneiden und die Käsemasse als Tupfen auf die Camembert-Ecken drücken.

DREI-KÄSE-BROTE
mit Heidelbeeren

DEN LILA BEEREN-FRISCHKÄSE MÖGEN KINDER GERN AUF IHREM PAUSENBROT. AUCH AUF DEM FRÜHSTÜCKSTISCH GIBT ER EINEN LECKEREN BLICKFANG.

Zutaten für 4 Portionen

50 g frische Heidelbeeren

125 g Camembert (nicht zu reif)

4 grüne Salatblätter

125 g Rahm-Frischkäse

2–3 EL Milch

4 Scheiben Roggenmischbrot

125 g Schnittkäse in Scheiben (Tilsiter, Emmentaler oder Gouda)

Zeitbedarf
▪ 20 Minuten

So geht's

1. Die Heidelbeeren in ein Sieb schütteln, verlesen und kurz in stehendem lauwarmem Wasser waschen, abtropfen lassen. Die Hälfte der Beeren in eine tiefe Schüssel geben und mit einem Löffel zerdrücken [→a]. Den Camembert in schlanke Dreiecke schneiden. Die Salatblätter waschen und gut trocken schütteln.

2. Den Frischkäse nach und nach mit der Milch glatt und cremig rühren. Zuerst die zerdrückten Beeren untermischen, dann die ganzen Beeren unterheben.

3. Die Brotscheiben mit drei Vierteln von dem Heidelbeer-Frischkäse bestreichen, darauf die Salatblätter und darüber den Schnittkäse legen. Camembert-Ecken daraufgeben, die Brote mit dem restlichen Heidelbeer-Frischkäse garniert [→b] sofort servieren.

ALS PAUSENBROT zum Mitnehmen die belegten Brote jeweils mit einer weiteren Scheibe gebuttertem Roggenmischbrot abdecken. Den Brotstapel leicht zusammendrücken, in Butterbrotpapier wickeln und in eine Frischhaltedose packen, damit der Stapel nicht zerdrückt wird.

WALDPILZ-CROSTINI
mit Sardellen und Tomaten

DIE APPETITMACHER SCHMECKEN AM BESTEN MIT RUSTIKALEM WEISSBROT AUS DEM ITALIENISCHEN FEINKOSTLADEN – KANN AUCH GUT VOM VORTAG SEIN.

Zutaten für 4 Portionen

2 reife, aber noch feste Tomaten

150 g kleine Maronen-Röhrlinge oder Steinpilze

1 Zwiebel

2 Knoblauchzehen

2 Sardellen (in Salz eingelegt)

4 dicke Scheiben Weißbrot

1 EL Olivenöl

1 EL Butter

Salz, Pfeffer aus der Mühle

Zeitbedarf
▪ 30 Minuten

So geht's

1. Die Tomaten mit dem Sparschäler häuten und in kleine Würfel schneiden. Die Pilze mit Pinsel und Küchenpapier säubern, putzen [→a] und ebenfalls klein würfeln. Die Zwiebel und den Knoblauch schälen, fein hacken.

2. Die Sardellen entsalzen [→b] und in kleine Stücke schneiden. Eine Pfanne erhitzen und die Brotscheiben ohne Fett auf beiden Seiten hellbraun rösten. Geröstete Brotscheiben aus der Pfanne heben, Olivenöl und Butter in der Pfanne heiß werden lassen.

3. Die gehackte Zwiebel und den Knoblauch bei mittlerer Hitze honiggelb anbraten. Die Pilze dazugeben und braten, bis die austretende Flüssigkeit verdampft ist und sie leicht gebräunt sind. Bei nur noch schwacher Hitze die Sardellenstücke und die Tomatenwürfel dazugeben und weitere 5 Minuten ziehen lassen, dabei ab und zu umrühren. Pilzmischung mit Salz und Pfeffer abschmecken und auf den Röstbroten verteilen. Sofort warm servieren.

PILZGRÖSSE Verarbeiten Sie möglichst kleine Pilze, denn diese geben später beim Braten weniger Flüssigkeit ab. Bei größeren Pilzen kann es lange dauern, bis die Stücke zu rösten beginnen.

DAS IST *wirklich* WICHTIG

MARONEN-RÖHRLINGE

[a] PILZE SÄUBERN Verwenden Sie zum Säubern der Pilze kein Wasser, sonst lassen sie sich nicht braten. Waldbodenreste mit dem Pinsel (oder einer neuen Zahnbürste) entfernen, bestenfalls mit einem leicht feuchten Küchenpapier abwischen.

[b] SARDELLEN ENTSALZEN Um den Sardellen überschüssiges Salz zu entziehen, werden sie kurz unter fließendem Wasser abgespült und dann mit Küchenpapier trocken getupft. Die Crostini am Schluss trotzdem nur sparsam salzen.

[a]

41

DAS IST *wirklich* WICHTIG

[a] **BUTTERPILZE ANBRATEN** Die Pilzscheiben nur so lange braten, bis der austretende Saft verdampft ist und die Pilze leicht hellgelb gefärbt sind. Jetzt kommt ihr Aroma am besten zur Geltung.

[b] **TOMATEN SCHICHTEN** Die ungehäuteten Tomatenscheiben (ohne die Endstücke) leicht überlappend auf dem Käse schichten. So bleibt das Gratin schön saftig.

BUTTERPILZ-GRATIN
mit Schafskäse

WÜRZIGE PILZE MIT SCHAFSKÄSE UND TOMATEN ÜBERBACKEN – EINE RASCH ZU-
BEREITETE KLEINE MAHLZEIT. DAZU SCHMECKT AM BESTEN FRISCHES BAGUETTE.

Zutaten für 4 Portionen

200 g Butterpilze

4 kleine Tomaten

400 g Feta (Schafskäse)

2 Zwiebeln

2 Knoblauchzehen

6 EL Olivenöl

50 g grüne Oliven (entsteint)

Salz, Pfeffer aus der Mühle

1 TL getrocknete Kräuter
der Provence

besonderes Werkzeug
- 4 flache Gratinierförmchen
  (à 250 ml)

Zeitbedarf
- 35 Minuten

So geht's

1. Von den Butterpilzen die braune, klebrige Huthaut abziehen und die häutigen Stielringe entfernen. Danach genügt es, die Pilze nur mit Küchenpapier zu säubern. Anschließend in dünne Scheiben schneiden. Die Tomaten waschen, mit dem Schafskäse ebenfalls in dünne Scheiben schneiden.

2. Den Backofen auf 250 °C (Umluft 230 °C) vorheizen. Die Zwiebeln und die Knoblauchzehen schälen und in dünne Scheiben schneiden. In der Pfanne 2 EL Olivenöl erhitzen. Die Pilzscheiben bei mittlerer Hitze braten, bis die austretende Flüssigkeit verdampft ist [→a], anschließend auf die Gratinierförmchen verteilen. Im verbliebenen Öl der Pfanne die Zwiebel- und Knoblauchscheiben hellgelb andünsten, über die Pilze geben.

3. Schafskäsescheiben auf die Pilze und das Zwiebel-Knoblauch-Gemisch legen. Die Oliven am Rand der Förmchen verteilen. Als Abschluss den Käse mit den Tomatenscheiben [→b] abdecken. Leicht salzen, pfeffern und mit den Kräutern bestreuen, mit dem restlichen Olivenöl beträufeln.

4. Die Förmchen mit Alufolie abdecken und im Ofen 10–12 Minuten backen, bis alles leise brutzelt. Sofort in den Förmchen servieren.

BUTTERPILZE PFLÜCKEN Die Butterpilze am besten bei trockenem Wetter sammeln und die braune, zähe Huthaut gleich abziehen. Nach Regen ist die Haut noch klebriger als gewöhnlich und lässt sich nur mit Mühe entfernen.

PANIERTER ZIEGENKÄSE
mit schwarzem Beerenkompott

EINE SCHNELLE, FEINE KOMBINATION AUS WÜRZIGEM KÄSE
UND HERBEM KOMPOTT. SCHMECKT AM BESTEN AUF CROSTINI.

Zutaten für 4 Portionen

60 g Heidelbeeren

60 g Brombeeren

30 g reife Holunderbeeren

1 Zweig frische Minze

40 g Zucker

2 EL Rotwein oder roter Traubensaft

½ TL Speisestärke

200 g gut gekühlter Ziegenkäse (Rolle)

1 EL Mehl

1 TL bunter Pfeffer (grob)

2 EL Olivenöl

Zeitbedarf
▪ 30 Minuten

So geht's

1. Die Beerensorten getrennt in ein Sieb geben und verlesen [→a]. Kurz in stehendem Wasser waschen. Die Minze waschen, trocken schütteln und die Blättchen in feine Streifen schneiden.

2. Die Beeren in einen Topf leeren und mit dem Zucker bestreuen. Den Rotwein dazugießen und aufkochen. Bei mittlerer Hitze etwa 10 Minuten ohne Deckel kochen lassen.

3. Die Speisestärke mit 3 EL kaltem Wasser anrühren [→b], unter die Beerenmischung rühren, einmal aufkochen lassen. Minzstreifen unter die Beeren mischen und den Topf vom Herd nehmen.

4. Den Ziegenkäse in 1 cm dicke Scheiben schneiden. In einem flachen Teller das Mehl mit dem Pfeffer mischen.

5. In einer Pfanne das Öl erhitzen. Die Ziegenkäsescheiben im Pfeffer-Mehl wenden. In dem Öl bei mittlerer bis starker Hitze etwa 10 Sekunden pro Seite braten [→c]. Sofort auf Teller verteilen und jeweils einen Klecks Beeren-Kompott darübergeben.

ZIEGENKÄSE Achten Sie beim Einkauf darauf, dass der Käse nicht zu reif ist. Er sollte in der Mitte noch einen weißen Kern haben, sonst schmilzt er beim Braten zu schnell.

DAS IST *wirklich* WICHTIG

[a] **HOLUNDERBEEREN VERLESEN**
Verwenden Sie nur ganz reife Beeren. Beim Abrebeln lösen sie sich leicht vom Stiel oder fallen von alleine von der Dolde. Unreife Beeren lassen sich nur schwer abziehen und sollten nicht verarbeitet werden.

[b] **STÄRKE ANRÜHREN** Stärke zuerst in kaltem Wasser zu einem dünnen Brei anrühren. So bilden sich im Kompott keine Klümpchen.

[c] **ZIEGENKÄSE BRATEN** Das muss bei ziemlich starker Hitze ganz schnell gehen, sonst zerläuft der Käse und lässt sich nur schwer aus der Pfanne nehmen.

DAS IST *wirklich* WICHTIG

....

[a] BEERENSUD ABKÜHLEN Der Beerensud lässt sich am schnellsten abkühlen, wenn der Topf in eine Schüssel mit kaltem Wasser gestellt wird.

[b] FILETIEREN Von den Räucherforellen die Haut abziehen. Die Filets entlang der Mittelgräte einschneiden und das Fleisch mit dem Messer von den seitlichen Gräten schieben.

[b]

RÄUCHERFORELLEN
mit Moosbeeren-Sahne

GEHT SCHNELL UND SORGT FÜR EINDRUCK: DAS HARZIGE BUCHENHOLZAROMA DER FORELLENFILETS, GEPAART MIT DER FRUCHTIG-PIKANTEN BEERENSAHNE.

Zutaten für 4 Portionen

75 g frische Moosbeeren oder Preiselbeeren

3 EL Weißwein oder Apfelsaft

20 g Zucker

2 Räucherforellen (à 350 g) oder 4 Räucherforellen-Filets (à 125 g)

200 g saure Sahne

50 g Mayonnaise

1 TL mittelscharfer Senf

1 TL Zitronensaft

Salz, Pfeffer aus der Mühle

Dillzweige zum Garnieren

Zeitbedarf
▪ 30 Minuten

So geht's

1. Die Moosbeeren in ein Sieb schütteln und verlesen. Mit lauwarmem Wasser überbrausen und abtropfen lassen. In einen Topf füllen, Weißwein und Zucker dazugeben. Bei mittlerer Hitze 10 Minuten kochen, bis die Beeren glasig aussehen und der Sud fast eingekocht ist. Den Topf vom Herd nehmen, die Beeren abkühlen lassen [→a].

2. Die Räucherforellen filetieren [→b]. Verbleibende kleinere Gräten mit der Pinzette entfernen. Die Filets auf Vorspeisentellern anrichten.

3. Die saure Sahne mit der Mayonnaise, den eingekochten Moosbeeren, Senf und Zitronensaft verrühren. Mit Salz und Pfeffer pikant abschmecken. Jeweils einen Klecks Moosbeeren-Sahne zu den Forellenfilets setzen. Die Dillzweige waschen und trocken schütteln, die Portionen damit garnieren.

Die Varianten

Räucherfisch-Tatar
500 g geräucherte Forellen- oder Pfeffermakrelen-Filets sehr fein hacken. Mit 200 g saurer Sahne und 50 g Mayonnaise vermischen, mit 1 TL Zitronensaft abschmecken. Moosbeeren-Kompott wie im Rezept angegeben zubereiten und dazu anrichten.

Räucherforellen-Mousse
500 g Räucherforellen-Filets in Stücke schneiden und mit 100 g Crème fraîche im Mixer pürieren, eventuell etwas flüssige Sahne dazugeben. Die laut Rezept gegarten Moosbeeren locker untermischen. Gekühlt ziehen lassen und servieren.

DAS IST *wirklich* WICHTIG

[a] PILZSCHEIBEN ANBRATEN Pilzscheiben so lange bei stärkerer Hitze braten, bis der austretende Saft vollständig verdampft ist. Sonst ist die Füllung nicht trocken genug und läuft aus den Taschen heraus.

[b] BLÄTTERTEIG VERSCHLIESSEN Den Blätterteig so mit Füllung belegen, dass die Ränder frei bleiben. So quillt die Pilzmischung beim Backen nicht heraus. Ränder mit Wasser bestreichen und rundum gut festdrücken.

[c] BACKBLECH Backblech nicht fetten. Nur mit kaltem Wasser abspülen und dieses ablaufen lassen, sodass ein leichter Feuchtigkeitsfilm zurückbleibt. Auch der Blätterteig selbst enthält Fett.

DIE RÄNDER MIT WASSER BESTREICHEN.

[b]

BLÄTTERTEIGTÄSCHCHEN
mit Waldpilzen und Frischkäse

IN DER SCHONENDEN HÜLLE AUS BLÄTTERTEIG KÖNNEN SICH
DIE AROMEN VON WALDPILZEN UND GEWÜRZEN VOLL ENTFALTEN.

Zutaten für 4 Portionen

4 Scheiben TK-Blätterteig
(ca. 300 g)

200 g kleine, feste Waldpilze
(Pfifferlinge, Butterpilze, kleine
Maronen- oder Rotfuß-Röhrlinge)

2 Frühlingszwiebeln

20 g grüne Oliven (entsteint)

2 EL Butter

100 g Rahm-Frischkäse

2 EL gehackte Petersilie

Salz, Pfeffer aus der Mühle

Mehl zum Ausrollen

2 EL Sahne zum Bepinseln

Zeitbedarf
▪ 35 Minuten

So geht's

1. Die Blätterteigscheiben nebeneinander auslegen und auftauen lassen. Die Pilze mit dem Pinsel und Küchenpapier säubern, putzen (von Butterpilzen die klebrige braune Huthaut abziehen). Die Pilze in dünne Scheiben schneiden. Die Frühlingszwiebeln putzen, waschen und ebenfalls in feine Scheiben schneiden. Die Oliven grob hacken.

2. In der Pfanne die Butter erhitzen. Die Pilzscheiben darin bei mittlerer bis starker Hitze braten, bis der austretende Saft verdampft ist [→a]. Dann die geschnittenen Frühlingszwiebeln dazugeben und kurz andünsten. Die Mischung in eine Schüssel füllen, kurz abkühlen lassen. Backofen auf 225 °C (Umluft 200 °C) vorheizen.

3. Den Frischkäse, gehackte Oliven und die Petersilie unter die Pilzmischung rühren. Mit Salz und Pfeffer abschmecken. Die Teigplatten quer halbieren. Die Arbeitsfläche dünn mit Mehl bestreuen und die Teigplatten darauf auf die doppelte Größe ausrollen. Die Pilzmasse gleichmäßig auf die Teigstücke verteilen, Teigränder mit Wasser bepinseln. Teigstücke diagonal zu Dreiecken zusammenfalten, die Ränder mit den Fingern fest andrücken [→b].

4. Ein Backblech mit kaltem Wasser abspülen [→c], die Teigtaschen daraufsetzen und an den Oberseiten dünn mit Sahne bepinseln. Mit einer Gabel jeweils zwei- bis dreimal einstechen. Im Backofen in etwa 15 Minuten goldbraun backen. Sofort heiß servieren.

SO SCHMECKT'S AUCH Wenn Sie die Waldpilze mit etwas fein zerpflücktem Schweinemett (gewürztem Schweinehackfleisch) anbraten, macht das die Füllung ganz besonders herzhaft.

KARTOFFEL-KRESSE-SUPPE

mit Morcheln

DIESE FEINE SUPPE ERHÄLT IHRE BESONDERHEIT DURCH DAS TIEFE
AROMA DER MORCHELN, GEPAART MIT DER HERBEN FRISCHE DER KRESSE.

Zutaten für 4 Portionen

100 g Spitz- oder Mai-Morcheln

500 g mehligkochende Kartoffeln

1 Bund Suppengemüse

2 Frühlingszwiebeln

2 EL Butter

1 l Gemüsebrühe

100 g Sahne

Salz, Pfeffer aus der Mühle

frisch geriebene Muskatnuss

1 Beet Kresse

Zeitbedarf

- 50 Minuten

So geht's

1. Die Morcheln kurz in lauwarmem Wasser schwenken, dann unter kaltem Wasser gründlich abbrausen, dabei mit einer weichen Bürste den Sand aus den Falten bürsten. Die Morcheln längs halbieren oder vierteln und auf Küchenpapier abtropfen lassen.

2. Die Kartoffeln waschen, schälen und klein würfeln. Das Suppengemüse und die hellen Teile der Frühlingszwiebeln waschen, putzen und ebenfalls klein würfeln.

3. Im Suppentopf die Butter zerlassen. Gewürfeltes Suppengemüse und Frühlingszwiebeln bei mittlerer Hitze in 5 Minuten darin hellgelb dünsten. Die Morchelstücke und die Kartoffelwürfel dazugeben, die Brühe aufgießen. Zugedeckt bei schwacher Hitze 20 Minuten köcheln.

4. Im Topf mit dem Pürierstab kurz anmixen, Sahne dazugeben und nochmals kurz pürieren. Mit Salz, Pfeffer und Muskat abschmecken. Mit Kresse garniert servieren.

KÜRBIS-HÄHNCHEN-SUPPE
mit Krauser Glucke

WÜRZIG-NUSSIGE PILZAROMEN UND HÄHNCHEN IN PIKANTER SOJASAUCE –
MEHR BRAUCHT ES EIGENTLICH NICHT FÜR EINE LECKERE MAHLZEIT.

Zutaten für 4 Portionen

250 g Krause Glucke

1 kleiner Kürbis (etwa 500 g)

1 Stange Lauch

2 cm frischer Ingwer

100 g Hähnchenfilet

100 g gekochter Schinken

750 ml Hühnerbrühe

2 EL helle Sojasauce

Salz, Pfeffer aus der Mühle

1 EL fein geschnittene
Schnittlauchröllchen

Zeitbedarf
▪ 1 Stunde 15 Minuten

So geht's

1. Die Krause Glucke säubern, dazu zuerst in kleine Stücke zerpflücken oder mit einem scharfen Messer würfeln. Den festen Teil des Strunks in dünne Scheiben schneiden (schwammige Strunkteile wegwerfen). Die Pilzstücke dann mehrmals gründlich waschen, dabei Stück für Stück mit einem Bürstchen säubern, anschließend in einem Sieb abtropfen lassen. Auf Küchenpapier ausbreiten und weiter trocknen lassen.

2. Den Kürbis halbieren, schälen und die Kerne samt faserigem Fleisch entfernen. Das Kürbisfleisch in 1 cm große Stücke schneiden. Den Lauch längs aufschneiden, gründlich waschen und ebenfalls in 1 cm große Würfel schneiden. Den Ingwer waschen, schälen und sehr fein würfeln. Das Hähnchenfilet kalt abbrausen, mit Küchenpapier trocken tupfen und würfeln. Von dem Schinken eventuell den Fettrand wegschneiden, dann in Würfel schneiden.

3. In einem Suppentopf die Hühnerbrühe aufkochen lassen. Die Pilz-, Hähnchen-, Kürbis-, Lauch- und Ingwerstücke dazugeben, zugedeckt bei schwacher Hitze etwa 30 Minuten sanft köcheln lassen. Dann die Schinkenwürfel dazugeben und alles weitere 2 Minuten ziehen lassen. Die Suppe mit Sojasauce, Salz und Pfeffer abschmecken. Mit Schnittlauchröllchen bestreuen und servieren.

GETROCKNETE KRAUSE GLUCKE Diese Suppe lässt sich gut auch aus getrockneten Pilzen zubereiten. Weichen Sie dazu die getrocknete Krause Glucke 1 bis 2 Stunden vor dem Kochen in lauwarmem Wasser ein.

GURKENGEMÜSE
mit Pfifferlingen

PASSEND ZUR PFIFFERLINGSAISON WERDEN DIE ERSTEN GURKEN GEERNTET, GEMEINSAM KOMMEN SIE IN DIESEM SCHMACKHAFTEN GERICHT AUF DEN TISCH.

Zutaten für 4 Portionen

1,5 kg große, feste Gurken

500 g reife Tomaten

4 Frühlingszwiebeln

250 g frische Pfifferlinge

75 g durchwachsener Speck

4 EL Öl zum Braten

Salz, Pfeffer aus der Mühle

1 TL Thymianblättchen

2 EL Sherry oder Weißwein

200 g Schmand

2 EL gehackte Petersilie

Zeitbedarf
▪ 45 Minuten

So geht's

1. Die Gurken waschen, schälen und längs halbieren. Die Kerne herausschaben [→a]. Die Gurkenhälften quer in etwa 2 cm breite Stücke schneiden. Die Tomaten in kochendem Wasser 30 Sekunden überbrühen, aus dem Wasser heben und häuten. Die Tomaten halbieren, entkernen, Stielansätze entfernen, Tomatenscheiben in Spalten schneiden. Die Frühlingszwiebeln waschen, Wurzelansätze wegschneiden, weiße und grüne Teile getrennt in dünne Scheiben schneiden.

2. Die Pfifferlinge mit dem Pinsel säubern [→b], kleine Exemplare ganz lassen, größere längs halbieren oder vierteln. Den Speck ohne Schwarte in kleine Würfel schneiden.

3. Im Schmortopf das Öl erhitzen, die Speckwürfel darin bei mittlerer Hitze leicht anbräunen. Die Pfifferlinge dazugeben und unter Rühren etwa 10 Minuten braten, bis die anfangs austretende Flüssigkeit verdampft ist. Die weißen Frühlingszwiebelscheiben einrühren und kurz andünsten. Gurkenscheiben und Tomatenspalten dazugeben, mit Salz, Pfeffer und Thymian würzen. Den Sherry zugießen und den Schmortopf zudecken. Bei mittlerer Hitze 15 Minuten schmoren.

4. Die gegarten Gurken [→c] und Pfifferlinge herausheben und auf einer tiefen Servierplatte anrichten. Schmand, grüne Frühlingszwiebelscheiben und Petersilie in die im Topf verbliebene Schmorflüssigkeit einrühren, aufkochen und mit Salz und Pfeffer abschmecken. Sauce über dem Gemüse verteilen und servieren.

FRISCHE PFIFFERLINGE haben einen satt orangegelben Ton und zeigen keine bräunlichen Verfärbungen.

[a]

DAS IST *wirklich* WICHTIG

[a] GURKEN ENTKERNEN Die Gurken enthalten rund um die Kerne sehr wässriges Fruchtfleisch, das das Gericht sehr suppig machen würde. Kerne und umliegendes Fruchtfleisch also sorgfältig mit einem Kugelausstecher oder Teelöffel herausschaben.

[b] PFIFFERLINGE SÄUBERN Die Pilze nur mit dem Küchenpinsel säubern. Beim Waschen würden sie Wasser aufnehmen und sich nicht mehr anbraten lassen. Hartnäckige Erdreste können Sie mit einer Messerspitze aus den Falten schieben.

[c] GEGARTE GURKEN Die Gurken sind gar, wenn sie glasig aussehen und sich mit einer Messerspitze leicht durchstechen lassen.

DAS IST *wirklich* WICHTIG

[a] PARASOLSTIELE ENTFERNEN Die harten, zähen Stiele direkt am Hut mit einem scharfen Messer abschneiden. Nicht wegwerfen, sondern trocknen und zu Pilz-Gewürzsalz verarbeiten (siehe Seite 11).

[b] AUSREICHEND HEISSES ÖL Die Pilze sollen in dem Öl schwimmen, ohne den Pfannenboden zu berühren. Das Öl ist heiß genug, wenn darin deutliche Schlieren zu erkennen sind, sich aber noch kein Rauch entwickelt.

PARASOLSCHNITZEL
mit Preiselbeer-Kompott

DIE FLACHEN PANIERTEN PILZHÜTE SEHEN AUF DEM TELLER TATSÄCHLICH
WIE SCHNITZEL AUS, SORGEN IM GAUMEN ABER FÜR ABWECHSLUNG.

Zutaten für 4 Portionen

175 g Preiselbeeren

50 ml Weißwein

65 g Zucker

½ TL Weißweinessig

2 Eier

2 EL Sahne

Salz, Pfeffer aus der Mühle

6 EL Semmelbrösel
(ohne Rinde gemahlen)

2 EL frisch geriebener Parmesan

4 große oder 8 kleine Parasole

Öl zum Braten

Zitronenviertel zum Garnieren

Zeitbedarf
- 1 Stunde

So geht's

1. Die Preiselbeeren verlesen, kurz in stehendem kaltem Wasser waschen und abtropfen lassen. In einem Topf Weißwein, 50 ml Wasser und Zucker aufkochen, bis sich der Zucker aufgelöst hat. Preiselbeeren und Essig dazugeben und offen 15 Minuten kochen, bis die Beeren fast durchsichtig aussehen. Den Topf vom Herd nehmen und abkühlen lassen.

2. Die Eier in einem tiefen Teller mit Sahne, Salz und Pfeffer verrühren. In einem zweiten Teller die Semmelbrösel mit dem Parmesan vermischen. Die Parasole mit dem Küchenpinsel säubern, die Stiele wegschneiden [→a]. Pilze auf der Lamellenseite salzen.

3. In einer Pfanne, in der die Pilzkappen nebeneinander Platz haben, etwa 1 cm hoch Öl auf mittlerer Stufe erhitzen [→b]. Sobald das Öl unruhig wird, die Pilzhüte zuerst fest auf beiden Seiten in die Eiermischung drücken, dann rasch in der Bröselmischung wenden, bis sie gleichmäßig davon überzogen sind.

4. Die panierten Pilze mit der Hutseite nach unten ins heiße Öl legen, etwa 7 Minuten braten, bis die Bröselkruste schön gebräunt ist. Dann mit dem Pfannenwender umdrehen und auf der Lamellenseite ebenfalls 7 Minuten braten.

5. Die Pilzschnitzel aus der Pfanne heben und auf Küchenpapier abtropfen lassen. Heiß mit Zitronenvierteln und dem Preiselbeerkompott servieren.

MANSCHETTEN Pilzliebhaber verspeisen die Manschetten der Parasole gleich frisch und roh. Man kann sie auch getrocknet für Pilz-Gewürzsalz verwenden (siehe Seite 11).

FRÜHLINGS-QUICHE
mit Morcheln und Speck

MIT GRÜNEM SALAT UND EINEM TROCKENEN WEISSWEIN SCHMECKT DER WARME GEMÜSEKUCHEN MIT PILZEN, SPECK UND KÄSE NACH URLAUB IN FRANKREICH.

Zutaten für 6 Portionen

250 g Mehl

½ TL Backpulver, Salz

3 Eier

125 g kalte Butter

125 g frische Spitz-Morcheln

125 g durchwachsener Speck

1 Bund Frühlingszwiebeln

1 EL Öl

150 g Sahne

125 g saure Sahne

150 g geriebener Hartkäse

Pfeffer

frisch geriebene Muskatnuss

gemahlener Kümmel

Butter für die Form

Mehl für die Arbeitsfläche

besonderes Werkzeug
▪ Quicheform (Ø 26 cm)

Zeitbedarf
▪ 35 Minuten +
  45 Minuten ruhen +
  45 Minuten backen

So geht's

1. Das Mehl mit Backpulver und etwas Salz auf die Arbeitsfläche häufen, eine Mulde eindrücken. 1 Ei mit 1–2 EL Wasser in einer Schüssel verquirlen, in die Mulde gießen. Die Butter in Stücken auf dem Mehlrand verteilen. Alles mit dem Messer vermischen und hacken, dann nur kurz durchkneten. Den Teig zu einer Kugel formen, in Frischhaltefolie wickeln und 45 Minuten im Kühlschrank ruhen lassen.

2. Für die Füllung die Morcheln putzen, kalt abbrausen und dabei mit einer weichen Bürste den Sand aus den Falten entfernen. Die Morcheln gut abtropfen lassen. Den Speck ohne Schwarte in feine Streifen schneiden. Die Frühlingszwiebeln waschen, putzen und in dünne Scheiben schneiden.

3. In der Pfanne das Öl erhitzen, den Speck darin glasig dünsten. Die Pilze unterrühren und 5 Minuten mitdünsten. Geschnittene Frühlingszwiebeln dazugeben und alles weitere 2–3 Minuten dünsten. Pfanneninhalt in ein Sieb abgießen und abtropfen lassen.

4. Die restlichen Eier mit Sahne, saurer Sahne und Käse in einer Schüssel verquirlen und die Mischung mit Salz, Pfeffer, Muskat und Kümmel pikant abschmecken.

5. Den Backofen auf 175 °C (Umluft nicht geeignet) vorheizen. Die Quicheform mit Butter befetten. Den Teig auf einer bemehlten Fläche etwas größer als die Form ausrollen, die Form damit auslegen [→a]. Den Teigboden mit einer Gabel mehrmals einstechen. Die Pilzmischung einfüllen, mit der Eier-Käse-Sahne übergießen [→b]. Im Backofen auf mittlerer Schiene etwa 40 Minuten backen, bis die Oberfläche schön gebräunt ist. Warm servieren.

DAS IST *wirklich* WICHTIG

[a] TEIG EINLEGEN Den Teig vorsichtig von zwei Seiten zur Mitte hin zusammenfalten, so lässt er sich leicht in die Form heben. Dort wieder auseinanderrollen und den Teig über eventuelle Löcher ziehen. Einen Rand formen, überstehende Teigenden mit dem Messer abschneiden.

[b] QUICHE FÜLLEN Die Pilze gleichmäßig auf dem Teigboden verteilen, die Eier-Käse-Sahne darübergießen. Dann die Form rütteln, damit alle Hohlräume ausgefüllt werden.

DAS IST
wirklich
WICHTIG

....

[a] TOMATEN ENTKERNEN Die Tomatenkerne samt Flüssigkeit lassen sich leicht mit einem kleinen Teelöffel entfernen. Ohne Kerne und Saft wird die Sauce schön dickflüssig.

[b] BRÜHE ANGIESSEN Die Steinpilzscheiben geben zuerst Saft ab, der bei mittlerer bis starker Hitze schnell verdampfen muss. Erst dann fangen die Pilze zu bräunen an. Damit sie nicht trocken werden, in diesem Moment die Brühe angießen.

[c] NUDELN ABSEIHEN Die bissfest gegarten Nudeln nur ganz kurz abtropfen lassen, sonst kleben sie zusammen. Das anhaftende Nudelwasser darf die Sauce ruhig noch etwas cremiger machen.

BREITE BANDNUDELN
mit Steinpilzsauce

SCHON EIN PAAR STEINPILZE GENÜGEN, UM DER TOMATENSAUCE MIT FRISCHEN KRÄUTERN DEN WÜRZIGEN WALDPILZGESCHMACK ZU VERLEIHEN.

Zutaten für 4 Portionen

250 g kleine Steinpilze oder Maronen-Röhrlinge

300 g reife Tomaten

1 Knoblauchzehe

4 Zweige glatte Petersilie

je 2 Zweige Oregano und Basilikum

1 TL frische Rosmarinnadeln

3 EL Olivenöl

2 EL Butter

150 ml kräftige Gemüsebrühe

Salz

350 g breite Bandnudeln

Pfeffer aus der Mühle

50 g frisch geriebener Parmesan

Zeitbedarf
▪ 35 Minuten

So geht's

1. Die Pilze mit Pinsel und Küchenpapier säubern, putzen und die Stielenden wegschneiden. Pilze in dünne Scheiben schneiden. Die Tomaten in kochendem Wasser kurz überbrühen, häuten, halbieren, Stielansätze entfernen, entkernen [→a]. Das Tomatenfruchtfleisch klein würfeln. Knoblauchzehe schälen und fein hacken. Kräuter waschen, trocken schütteln, Blättchen bzw. Nadeln fein hacken.

2. In der Pfanne Olivenöl und Butter erhitzen. Gehackte Kräuter und Knoblauchwürfel bei mittlerer Hitze dünsten, bis der Knoblauch hellgelb ist. Pilzscheiben dazugeben und unter Rühren etwa 5 Minuten leicht anbräunen. Gemüsebrühe zufügen [→b], anschließend die Tomaten. Offen bei schwacher Hitze etwa 15 Minuten garen, bis die Sauce cremig eingekocht ist.

3. Inzwischen für die Nudeln reichlich Wasser aufkochen, salzen und die Bandnudeln einrühren. Nach Packungsangabe bissfest kochen. In das Sieb abgießen und kurz abtropfen lassen [→c]. Die Steinpilzsauce mit Salz und Pfeffer abschmecken, die Nudeln locker untermischen und auf tiefe Teller verteilen. Mit dem Parmesan bestreut servieren.

Die Variante

Bandnudeln mit Austern-Seitlingen
400 g Austern-Seitlinge putzen und in Scheiben schneiden, 2 Knoblauchzehen schälen und klein würfeln. Nudeln bissfest kochen. Pilze und Knoblauch in 4 EL Olivenöl bei mittlerer Hitze 5 Minuten anbraten, öfter umrühren. Mit etwa 100 ml Nudelkochwasser (oder auch etwas Weißwein) ablöschen, salzen und pfeffern. 1 EL frische Estragonblättchen einrühren. Nudeln abgießen, abtropfen lassen und in tiefe Teller füllen. Pilze darüber verteilen und mit den Nudeln vermischen. Mit Parmesan bestreut servieren.

BREITE BANDNUDELN Für dieses Gericht eignen sich am besten breite Bandnudelsorten. Pappardelle, möglichst mit gewelltem Rand, können die Sauce gut aufnehmen.

SPAGHETTI
mit Herbsttrompeten und Kräutern

ZU DIESEM FEINEN TOSKANISCHEN PILZGERICHT WIRD KEIN PARMESAN GEREICHT.
FÜR WUNDERBARE AROMEN SORGEN HERBSTTROMPETEN, KRÄUTER UND WEIN.

Zutaten für 4 Portionen

200 g Herbsttrompeten (Toten-trompeten)

2 Sardellen (in Salz eingelegt)

je 3 Zweige Petersilie und frische Minze

2 Knoblauchzehen

Salz

400 g Spaghetti

2 EL Olivenöl

2 EL Zitronensaft

100 ml Weißwein

Pfeffer aus der Mühle

100 g Butter

Zeitbedarf
- 30 Minuten

So geht's

1. Die Pilze mit Pinsel und Küchenpapier säubern, die Stielenden wegschneiden. Kleine Pilze ganz lassen, größere längs halbieren. Die Sardellen abbrausen, mit Küchenpapier trocknen und fein hacken. Die Kräuter waschen, trocken schütteln, Blättchen abzupfen und getrennt fein hacken. Knoblauch schälen und fein hacken.

2. Reichlich Wasser aufsetzen, salzen und die Spaghetti bissfest kochen. Inzwischen in einer Pfanne das Olivenöl erhitzen, die Pilze bei mittlerer Hitze kurz andünsten. Gehackten Knoblauch, Sardellen und Minzeblättchen unterrühren, alles 2–3 Minuten dünsten. Zitronensaft und Wein dazugießen, einmal kräftig aufkochen lassen, salzen und pfeffern. Die Butter in Stücken mit dem Schneebesen kräftig unterrühren. Die gehackte Petersilie dazumischen.

3. Die Spaghetti auf tiefe Teller verteilen. Die Pilzsauce darübergeben und rasch servieren.

PFIFFERLING-FARFALLE
mit Weißwein

DIE SCHMETTERLINGSNUDELN NEHMEN DIE SAUCE BESONDERS GUT AUF –
VOM PFIFFERLINGAROMA KANN MAN AUCH GAR NICHT GENUG BEKOMMEN.

Zutaten für 4 Portionen

250 g Pfifferlinge

200 g reife Tomaten

3 Schalotten

2 Knoblauchzehen

½ Bund Petersilie

2 EL Butter

100 ml kräftige Gemüsebrühe

75 ml Weißwein oder Apfelsaft

Salz, Pfeffer aus der Mühle

400 g Farfalle
(Schmetterlingsnudeln)

3 EL Olivenöl

Zeitbedarf
▪ 30 Minuten

So geht's

1. Die Pfifferlinge mit Pinsel und Küchenpapier säubern und putzen. Die Tomaten kurz mit kochendem Wasser überbrühen, häuten und halbieren, entkernen und Stielansätze entfernen, das Fruchtfleisch klein würfeln. Die Schalotten und den Knoblauch schälen, sehr fein hacken. Die Petersilie waschen, trocken schütteln, Blättchen abzupfen und grob hacken.

2. Für die Nudeln reichlich Wasser aufsetzen. In einer Kasserolle die Butter erhitzen und die Schalottenwürfel bei schwacher Hitze hellgelb dünsten. Die Tomatenwürfel dazugeben, Brühe und Wein angießen, mit Salz und Pfeffer würzen. Zugedeckt bei schwacher Hitze etwa 10 Minuten dünsten.

3. Wenn das Wasser kocht, kräftig salzen und die Nudeln darin bissfest kochen. In einer Pfanne das Olivenöl erhitzen und die Pfifferlinge darin braten, bis der austretende Saft verdampft ist. Gehackten Knoblauch untermischen, salzen und pfeffern.

4. Die Nudeln in ein Sieb abgießen, kurz abtropfen lassen und auf Teller verteilen. Gebratene Pfifferlinge darübergeben und die Tomatensauce daraufflöffeln. Mit Petersilie bestreut servieren.

KERNE UND FASERIGES FRUCHT-FLEISCH HERAUS-SCHABEN.

DAS IST *wirklich* WICHTIG

....

[a] KÜRBIS ENTKERNEN
Nicht nur die Kerne, sondern auch das faserige Fruchtfleisch rundum mit einem scharfkantigen Löffel her-ausschaben. Hokkaido-Kürbisse müssen nicht geschält werden.

[b] KÜRBIS GAREN
Die Garzeit von Kürbis hängt von dessen Reifegrad ab. Hokkaido-Stü-cke sind nach etwa 15 Minuten fertig. Den Gargrad wie bei Kartoffeln mit der Messerspitze prüfen.

[a]

KARTOFFEL-KÜRBIS-PÜREE
mit Giersch und Champignons

CREMIG-SAHNIGES PÜREE MIT PILZEN, GEWÜRZT MIT SELBST GESAMMELTEN WILDKRÄUTERN – DAS BEGEISTERT AUCH GÄSTE.

Zutaten für 4 Portionen

350 g Hokkaido-Kürbis (entkernt)

350 g vorwiegend fest-kochende Kartoffeln

Salz

500 g Wiesen-Champignons

4 Zweige Giersch oder Petersilie

1 Zwiebel

2 Knoblauchzehen

1 EL Öl

150 ml Gemüsebrühe

150 g Sahne

Pfeffer aus der Mühle

100 ml Milch

2 EL Butter

frisch geriebene Muskatnuss

besonderes Werkzeug
▪ Kartoffelstampfer

Zeitbedarf
▪ 45 Minuten

So geht's

1. Das entkernte Kürbisfleisch [→a] in etwa 3 cm große Stücke schneiden. Die Kartoffeln waschen, schälen und in 2 cm große Stücke zerteilen. Kürbis- und Kartoffelstücke in einen Topf geben, knapp mit kaltem Wasser bedecken, salzen. Zugedeckt etwa 20 Minuten garen [→b].

2. Die Champignons mit dem Pinsel säubern und in Scheiben schneiden. Den Giersch waschen und trocken schütteln, Blätter abzupfen und in Streifen schneiden. Zwiebel und Knoblauch schälen, klein würfeln.

3. In der Schmorpfanne das Öl erhitzen. Zwiebel- und Knoblauchwürfel bei mittlerer Hitze honigfarben braten. Die Pilzscheiben dazugeben und leicht anrösten. Giersch unterrühren und die Brühe angießen. Offen etwa 5 Minuten kräftig kochen lassen. Sahne einrühren, mit Salz und Pfeffer abschmecken, weitere 5 Minuten bei schwacher Hitze ziehen lassen.

4. Von den fertig gegarten Kürbis- und Kartoffelwürfeln eventuell verbliebenes Wasser abgießen, das Gemüse mit dem Kartoffelstampfer zerkleinern. Milch und Butter unterrühren, mit Salz und Muskat abschmecken. Das Püree mit dem Schneebesen luftig aufschlagen. Mit der Giersch-Pilz-Sauce anrichten und servieren.

Die Varianten

Kartoffel-Kürbis-Püree mit Maronen-Röhrlingen
Statt Wiesen-Champignons 500 g kleine Maronen-Röhrlinge vierteln und in 1–2 EL Öl mit 50 g Speck-würfeln anbraten, mit 1–2 TL Pilzfond (siehe Seite 17) würzen. Kartoffel-Kürbis-Püree laut Anleitung zubereiten und mit den Pilzen anrichten.

Auflauf mit Kartoffel-Kürbis-Püree und Champignons
Eine Gratinierform ausbuttern, die Hälfte des Pürees einfüllen, die in Scheiben geschnittenen Pilze darauf verteilen und mit dem restlichen Püree abdecken. Mit 60 g geriebenem Emmentaler bestreuen und im Backofen bei 200 °C etwa 30 Minuten überbacken.

GRAUPEN MIT PILZEN
und Preiselbeeren

GRAUPEN LASSEN SICH WIE EIN ITALIENISCHER RISOTTO ZUBEREITEN UND
PASSEN WUNDERBAR ZU WÜRZIGEN PILZEN UND HERBEN BEEREN.

Zutaten für 4 Personen

200 g Perlgraupen

1 Zwiebel

2 Knoblauchzehen

1 ½ l leichte Gemüsebrühe

4 EL Olivenöl

400 g kleine Steinpilze, Maronen-
Röhrlinge oder Ziegenlippen

50 g Preiselbeeren

Salz, Pfeffer aus der Mühle

50 g frisch geriebener Parmesan

Zeitbedarf
▪ 1 Stunde

So geht's

1. Die Graupen in ein Sieb schütten, mit heißem Wasser abbrausen
[→a] und abtropfen lassen. Die Zwiebel und 1 Knoblauchzehe
schälen und fein hacken.

2. In einem Topf die Gemüsebrühe erhitzen. In einem zweiten Topf
1 EL Olivenöl erhitzen. Die Hälfte der Zwiebelwürfel und den gehackten Knoblauch darin bei mittlerer Hitze goldgelb dünsten.

3. Die Graupen zu den Zwiebeln in den Topf geben, kurz andünsten.
So viel von der heißen Brühe dazugießen, dass die Graupen knapp
bedeckt sind. Ohne Deckel etwa 40 Minuten leise köcheln lassen,
dabei öfter kräftig umrühren. Nach und nach weitere Brühe angießen [→b], sodass die Graupen stets knapp bedeckt bleiben.

4. Inzwischen die Pilze mit einem Pinsel säubern, putzen und vierteln. Die Preiselbeeren verlesen und waschen. Die zweite Knoblauchzehe schälen und fein hacken. In einer Pfanne das restliche
Olivenöl heiß werden lassen, die restliche gehackte Zwiebel und
Knoblauchwürfel leicht anbräunen. Die Pilze dazugeben und bei
schwacher bis mittlerer Hitze etwa 7 Minuten braten, dabei ab und
zu wenden. Mit Salz und Pfeffer würzen.

5. Die Preiselbeeren unter die gegarten, aber noch bissfesten Grau-
pen mischen. Weitere 5 Minuten bei gleich bleibender Hitze garen.
Den Parmesan kräftig unterrühren [→c]. Graupen mit Salz und
Pfeffer abschmecken und zusammen mit den Pilzen anrichten.

GRAUPEN sind geschälte und rund geschliffene Gerstenkörner, die kleinste
Sorte wird Perlgraupen genannt. Rollgerste, im Volksmund „Kälberzähne",
besteht aus größeren Körnern und muss viel länger gegart werden.

DAS IST *wirklich* WICHTIG

[a] GRAUPEN SPÜLEN Die Graupen so lange mit heißem Wasser abbrausen, bis es klar abfließt. So wird das Gericht nicht klebrig.

[b] BRÜHE ANGIESSEN Die Brühe zum Angießen soll immer schön heiß sein, sonst kühlt das Gericht immer wieder ab und die Garzeit verlängert sich beträchtlich.

[c] PARMESAN UNTERRÜHREN Den Parmesan mit kräftigem Rühren untermischen, bis das Gericht weich und cremig fließt. Wenn es zu trocken erscheint, noch etwas Brühe oder heißes Wasser angießen und erhitzen, bis sich alles gut verbunden hat.

DAS IST *wirklich* WICHTIG

[a] LAUCH VORBEREITEN Schneiden Sie das Wurzelende und vom oberen Ende den dunkelgrünen Abschnitt weg. Den hellgrünen Teil über Kreuz tief einschneiden, die Blätter aufbiegen und den Sand darin unter fließendem Wasser gründlich ausspülen.

[b] SAURE SAHNE ERHITZEN Saure Sahne flockt bei zu starkem Erhitzen leicht aus. Der Senf (oder etwas Speisestärke) verhindert das Ausflocken.

WALDPILZ-EINTOPF
auf böhmische Art

AUS BÖHMISCHEN WÄLDERN STAMMT DIESER HERZHAFTE UND SÄTTIGENDE EINTOPF.
DAS SCHMECKT, AUCH WENN DER SAMMELKORB NICHT GANZ GEFÜLLT WAR.

Zutaten für 4 Portionen

350 g gemischte Waldpilze
(Steinpilze, Maronen-Röhrlinge,
Butterpilze, Espen-Rotkappen,
kleine Flaschen-Stäublinge)

500 g vorwiegend festkochende
Kartoffeln

2 Möhren

1 Stück Knollensellerie
(etwa 125 g)

1 kleine Stange Lauch

2 Lorbeerblätter

2 TL Wacholderbeeren

1 TL schwarze Pfefferkörner

2 EL Butterschmalz

1 l Gemüsebrühe

300 g saure Sahne

1 EL mittelscharfer Senf

1 Bund Dill

2 EL Weißweinessig

Salz

Zeitbedarf
▪ 35 Minuten

So geht's

1. Die Pilze mit Pinsel und Küchenpapier säubern, putzen und in
1 cm große Stücke schneiden. Kartoffeln, Möhren und Knollensellerie waschen, schälen und klein würfeln. Den Lauch waschen,
putzen [→a] und in Ringe schneiden. Ein großes Lauchblatt beiseitelegen. Die Lorbeerblätter, Wacholderbeeren und Pfefferkörner
darin einwickeln und mit Küchengarn zu einem Päckchen ver-
schnüren.

2. In einem großen Topf das Butterschmalz zerlassen. Bei mittlerer
Hitze die Gemüsewürfel hellgelb andünsten, die Pilzstücke dazugeben und kurz anschmoren. Das Lauch-Gewürze-Päckchen und
die Gemüsebrühe zufügen. Aufkochen und 20 Minuten bei schwacher Hitze kochen lassen.

3. Inzwischen die saure Sahne mit dem Senf verrühren. Dill waschen,
trocken schütteln, harte Teile entfernen und fein schneiden.

4. Das Lauch-Gewürze-Päckchen aus dem Topf heben und wegwerfen. Die Senfsahne mit dem Schneebesen in den Eintopf rühren,
geschnittenen Dill dazugeben, mit Essig und Salz abschmecken.
Kurz ziehen lassen [→b], aber nicht mehr kochen.

BUTTERPILZE Verwenden Sie nur junge Pilze dieser Sorte, ältere Exemplare haben ein zu schwammiges Fleisch. Ziehen Sie die braune, feucht-
klebrige Haut mit dem Messer ab.

PILZ-SEMMELKNÖDEL
mit roher Tomatensauce

KANN MAN DIE SEMMELN VOM VORTAG NOCH BESSER VERARBEITEN
ALS ZU KNÖDELN? MIT PILZEN UND PETERSILIE SIND SIE EIN GEDICHT.

Zutaten für 4 Personen

3 EL frische Basilikumblätter

2 EL natives Olivenöl extra

1 kg reife Tomaten

Salz, Pfeffer aus der Mühle

1–2 TL Zitronensaft

300 g kleine Wiesen-Champignons, Maronen-Röhrlinge, Ziegenlippen oder feste Flaschen-Stäublinge

½ Bund glatte Petersilie

1 Knoblauchzehe

6 altbackene Semmeln

2 EL Butter

250 ml Milch

3 Eier

2 EL Mehl

Zeitbedarf
▪ 1 Stunde

So geht's

1. Die Basilikumblätter in feine Streifen schneiden [→a], in einer Schüssel mit dem Olivenöl verrühren. Die Tomaten in kochendem Wasser kurz überbrühen, mit dem Schaumlöffel herausheben, häuten und die Stielansätze entfernen. Die Tomaten quer halbieren, die Hälften zusammendrücken, Flüssigkeit und Kerne entfernen [→b]. Das Tomatenfleisch mit dem Messer zu einem glatten Püree hacken. Mit dem Basilikumöl vermischen, Salz, Pfeffer und Zitronensaft hinzufügen.

2. Für die Knödel die Pilze mit dem Pinsel und Küchenpapier säubern, putzen und fein würfeln. Die Petersilie waschen, trocken schütteln, Blättchen abzupfen und hacken. Knoblauch schälen und fein hacken. Semmeln in sehr dünne Scheiben schneiden.

3. In einer Pfanne die Pilze bei mittlerer Hitze in der Butter leicht bräunen. Knoblauchwürfel, gehackte Petersilie und etwas Salz dazugeben, kurz mitbraten, die Pfanne vom Herd nehmen.

4. Die Milch gut erhitzen. Die Semmelscheiben mit der heißen Milch beträufeln [→c] und 10 Minuten ziehen lassen. Dann die Pilzwürfel, Eier und Mehl locker untermischen [→d], mit Salz und Pfeffer abschmecken. Mit angefeuchteten Händen aus der Masse Knödel mit rund 5 cm Durchmesser formen.

5. Die Knödel in einen großen Topf mit kochendem Salzwasser einlegen und offen bei schwacher Hitze 20 Minuten gar ziehen lassen. Mit dem Schaumlöffel herausheben und abtropfen lassen. Die Knödel mit der Tomatensauce anrichten.

> IN DER MASSE SIND NOCH SEMMEL-STÜCKE ZU ERKENNEN.

[b]

[d]

DAS IST *wirklich* WICHTIG

[a] **BASILIKUM VORBEREITEN** Die Basilikumblätter nicht waschen, sondern nur mit Küchenpapier leicht abreiben – sonst verlieren sie viel von ihrem Aroma.

[b] **TOMATEN AUSDRÜCKEN** Die Tomatenhälften fest zusammen-drücken, sodass die Kerne samt Flüssigkeit ausgepresst werden. So wird die Sauce nicht zu flüssig.

[c] **SEMMELN EINWEICHEN** Die Semmeln in einer Schüssel gleich-mäßig mit der gut erhitzten Milch beträufeln (den Milchtopf soll man gerade noch anfassen können) – so weichen sie gut durch.

[d] **KNÖDELMASSE** Die Masse für die Pilzknödel nicht zu gründlich verkneten, es sollen noch Semmel-stücke zu erkennen sein. So garen die Knödel locker und werden nicht matschig.

69

HEXENRINGE
und Giftpilze

VERHEXTE TANZPLÄTZE

Wenn mit den ersten Herbstnebeln die Pilz-
köpfchen aus dem Boden ragen, erinnert der
Anblick alleine schon an kleine Kobolde. Erst
recht, wenn diese einen Ring aus dicht beisam-
menstehenden Pilzen bilden. Eine derartige
Form konnte man sich im Mittelalter nicht er-
klären und deutete es so, dass diese Stellen
nächtliche Hexentanzplätze wären. Da diese
„Hexenringe" vor allem auf Grasflächen gut
zu erkennen sind, lag diese Erklärung nahe, zu-
mal das Gras in der Mitte kümmerlich wuchs.
In einen solchen Kreis zu treten galt als höchst
gefährlich. Der angelsächsische Raum nennt
sie „fairy rings". Bei Shakespeare finden sich
mehrfach Anspielungen auf dieses mystische
Phänomen.

HEUTIGES WISSEN

Heute weiß man, „Hexenringe" entstehen
durch das Wachstum des unterirdischen Pilzgeflechtes, Mycel genannt. Dieses breitet sich von
einem Punkt unter der Erde langsam nach allen Seiten aus, um an Nährstoffe zu gelangen.
In den inneren Bereichen wird von Jahr zu
Jahr die Nahrung knapper, was den schütteren
Graswuchs erklärt. Die Fruchtkörper, die ei-
gentlichen Pilze, werden nur noch am Rand
ausgebildet. Schon vor Erscheinen der kleinen
Kobolde ist ein späterer Hexenring an einer
dunkelgrünen Färbung zu erkennen, da in den
Randbereichen des Pilzgeflechtes das Gras-
wachstum gefördert wird.

REICHE BEUTE

Pilzsammler freuen sich natürlich über dieses
kreisförmige Vorkommen. Vor allem Wiesen-
Champignons, Feld-Schwindlinge, Trichterlin-
ge und Riesen-Schirmlinge können so in größeren Mengen in einem bequemen „Rundgang"
geerntet werden.

GIFTIGE FALLEN

Aber auch Fliegenpilze, optische Klassiker aller
Kinderbücher, bilden Ringe. Ihr Verzehr zieht
Bewusstseinsstörungen nach sich. Es treten
Halluzinationen und Wahnvorstellungen auf,
die in Bewusstlosigkeit und tiefem Schlaf enden. Am gefährlichsten sind aber die Giftstoffe
in den Knollenblätterpilzen, die vor allem die
Leber zerstören. Meist machen sich die Vergif-
tungserscheinungen erst nach zehn bis zwölf
Stunden oder noch später in tagelang anhal-
tenden Brechdurchfällen bemerkbar. Wird eine
solche Vergiftung nicht rechtzeitig behandelt,
kann nach vier bis sieben Tagen der Tod durch
Leberversagen eintreten.

KEIN RISIKO EINGEHEN

Pilzgifte sind weder am Geschmack zu erkennen noch lässt sich deren Gift durch Kochen
oder Trocknen loswerden. Deshalb nur Pilze
sammeln, die sicher und eindeutig bestimmt
werden konnten. Suchen Sie beim geringsten
Zweifel eine Pilzberatungsstelle auf (eine Liste
von Pilz-Bestimmungsbüchern und Beratungsstellen finden Sie auf Seite 141/142).

GEBACKENE FORELLEN
mit Waldpilzen

DIE MIT PILZEN GEFÜLLTEN FORELLEN GAREN AUF KARTOFFELN IM OFEN – UND TAUSCHEN DORT GANZ WUNDERBAR IHRE AROMEN AUS.

Zutaten für 4 Personen

700 g vorwiegend festkochende Kartoffeln

300 ml Gemüsebrühe

4 Forellen (à 250 g)

2 TL Zitronensaft

Salz, Pfeffer aus der Mühle

200 g gemischte Waldpilze

2 Schalotten

2 Knoblauchzehen

2 Zweige Bohnenkraut

2 Zweige Thymian

70 g kalte Butter

2 EL Sahne

1 Eigelb

frisch geriebene Muskatnuss

8 Scheiben Frühstücksspeck

150 ml Weißwein

besonderes Werkzeug
▪ große Auflaufform

Zeitbedarf
▪ 1 Stunde 15 Minuten

So geht's

1. Den Backofen auf 190 °C (Umluft 175 °C) vorheizen. Die Kartoffeln waschen, schälen und in 1 cm dicke Scheiben schneiden. Dachziegelartig in die Auflaufform schichten [→a]. Mit Gemüsebrühe übergießen, sodass die Kartoffeln fast bedeckt sind. Im Ofen 40 Minuten backen, bis die Kartoffeln leicht gebräunt sind.

2. Inzwischen die Forellen innen und außen kalt abbrausen und mit Küchenpapier trocken tupfen. Mit Zitronensaft beträufeln, innen und außen salzen und pfeffern.

3. Die Pilze mit Pinsel und Küchenpapier säubern, putzen. Die Hälfte davon fein hacken, den Rest in Scheiben schneiden. Die Schalotten und den Knoblauch schälen und fein hacken. Die Kräuter waschen, trocken schütteln, Blättchen abzupfen und fein schneiden.

4. In einer kleinen Pfanne 2 EL von der Butter erhitzen (restliche Butter wieder kalt stellen). Gehackte Schalotten und Knoblauch unter Rühren hellgelb andünsten. Die gehackten Pilze dazugeben und etwa 5 Minuten schmoren, bis die gesamte Flüssigkeit verdampft ist. Das Pfännchen vom Herd nehmen, gehackte Kräuter und Sahne unterrühren. Wenn die Mischung etwas abgekühlt ist, Eigelb dazumischen, mit Salz, Pfeffer und Muskat abschmecken.

5. Die Forellen mit der Pilze-Eier-Mischung füllen und mit jeweils 2 Speckscheiben umwickeln [→b].

6. Die Auflaufform mit den Kartoffeln aus dem Ofen nehmen und die in Scheiben geschnittenen Pilze über den Kartoffeln verteilen. Darauf die Fische legen. Alles mit dem Wein übergießen, die restliche Butter kalt in Flöckchen auf den Forellen verteilen [→c]. Die Form wieder in den Ofen schieben und die Fische 25 Minuten backen. In der Form servieren.

[a]

[b]

DAS IST *wirklich* WICHTIG

[a] KARTOFFELN SCHICHTEN Die Kartoffelscheiben halb überlappend in die Form schichten, damit sie gleichmäßig garen können. Die Spitzen dürfen ruhig etwas braun und knusprig werden.

[b] FORELLEN UMWICKELN Die Speckscheiben geben Aroma ab und verhindern, dass die Füllung beim Braten aus den Bauchhöhlen tritt. Die Enden der Speckscheiben gut andrücken, dann lösen sie sich nicht beim Backen.

[c] KALTE BUTTERFLÖCKCHEN Hobeln Sie die Flöckchen mit dem Sparschäler von der kalten Butter ab. Die Stücke gleich direkt auf die Fische fallen lassen.

[c]

73

[b]

DAS IST *wirklich* WICHTIG

[a] **PFIFFERLINGE PUTZEN** Hartnäckige Erdreste zwischen den Lamellen der Pfifferlinge entfernen Sie am besten mit einer neuen weichen Zahnbürste.

[b] **FISCHFILETS ENTGRÄTEN** Um Gräten im Fischfilet aufzufinden, fahren Sie mit dem Zeigefinger mit leichtem Druck die Fleischseite vom dünneren zum dickeren Ende entlang – so richten sich die Gräten auf. Diese mit der Pinzette herausziehen.

[c] **FILETS BRATEN** Wenden Sie die Filets erst dann in dem Mehl, wenn das Öl in der Pfanne heiß ist. Überschüssiges Mehl rasch abschütteln und die Filets ins Öl gleiten lassen.

KNUSPRIGE FISCHFILETS
mit Champignons und Pfifferlingen

EIN FEINES SOMMERGERICHT: KNUSPRIG GEBRATENE FISCHFILETS
MIT ZWEI SORTEN PILZEN IN EINER LEICHTEN SAHNESAUCE.

Zutaten für 4 Portionen

250 g Wiesen-Champignons

250 g Pfifferlinge

1 Zwiebel

2 Knoblauchzehen

1 Bund Dill

4 Fischfilets (z. B. Forelle, Kabeljau, Saibling; à 150 g)

2 EL Zitronensaft

2 ½ EL Mehl

Salz

4 EL Öl

100 ml trockener Weißwein

100 ml Gemüsebrühe

200 g Sahne

1 Prise Zucker

Pfeffer aus der Mühle

Zeitbedarf
- 40 Minuten

So geht's

1. Die Pilze mit Pinsel und Küchenpapier säubern, putzen und die Stielenden wegschneiden [→a]. Die Champignons in Scheiben schneiden, die Pfifferlinge je nach Größe halbieren oder vierteln. Zwiebel und Knoblauch schälen, fein hacken und vermischen. Den Dill waschen, trocken schütteln, harte Teile entfernen, die Hälfte des Dills fein hacken.

2. Die Fischfilets kurz kalt abbrausen, mit Küchenpapier trocken tupfen, eventuell noch vorhandene Gräten mit der Pinzette entfernen [→b]. Die Filets mit dem Zitronensaft beträufeln. In einem flachen Teller 2 EL Mehl mit etwas Salz vermischen.

3. In einer Pfanne 2 EL Öl erhitzen. Die Zwiebel- und Knoblauchwürfel mit den Pilzstücken anbraten. Das restliche Mehl darüberstauben, kurz durchmischen, dann unter Rühren den Wein und die Brühe zugießen. 5 Minuten bei schwacher Hitze köcheln lassen. Dann die Sahne unterrühren. Die Sauce mit dem gehackten Dill, Salz, Zucker und Pfeffer abschmecken. Warm halten.

4. In einer zweiten Pfanne 2 EL Öl erhitzen. Die Fischfilets in dem gesalzenen Mehl wenden, überschüssiges Mehl abschütteln und die Filets beidseitig jeweils 2–3 Minuten braten [→c]. Aus dem Öl heben und mit der Pilzmischung anrichten. Mit den ganzen Dillzweigen garnieren.

Dazu schmecken kleine Pellkartoffeln, in Butter und gehackter Petersilie geschwenkt.

FLEISCHBÄLLCHEN
mit Moosbeeren-Kompott

DIE SCHWEDISCHEN „KÖTTBULLAR" SIND SPÄTESTENS SEIT ASTRID LINDGREN UND DEN MÖBELHAUS-RESTAURANTS AUCH BEI UNS SEHR BELIEBT.

Zutaten für 4 Personen

1 mittelgroße vorwiegend festkochende Kartoffel

175 g Moosbeeren oder Preiselbeeren

100 g Zucker

1 Zwiebel

½ EL Butter

500 g gemischtes Hackfleisch

1 Ei

150 g Sahne

Salz, Pfeffer aus der Mühle

gemahlener Piment

evtl. Semmelbrösel

2–3 EL Mehl

3 EL Öl zum Braten

besonderes Werkzeug
▪ Kartoffelpresse

Zeitbedarf
▪ 1 Stunde

So geht's

1. Die Kartoffel waschen, ungeschält etwa 25 Minuten garen. Die Moosbeeren verlesen, waschen und mit 5 EL Wasser in einen Topf geben. Aufkochen und zugedeckt bei schwacher Hitze 10 Minuten köcheln lassen. Den Zucker dazugeben und vorsichtig verrühren, bis er sich aufgelöst hat. Den Topf vom Herd nehmen.

2. Die Kartoffel abgießen, heiß pellen und durch die Kartoffelpresse drücken, Püree ausbreiten und abkühlen lassen [→a]. Die Zwiebel schälen und sehr fein hacken. Die Butter erhitzen und die Zwiebelwürfel unter Rühren darin goldgelb dünsten. Abkühlen lassen.

3. Das Hackfleisch mit gedünsteten Zwiebelwürfeln, abgekühltem Kartoffelpüree, dem Ei und der Sahne vermischen, mit Salz, Pfeffer und Piment würzen. Mit den Händen kräftig kneten, bis eine glatte, formbare Hackmasse entstanden ist. Semmelbrösel bei Bedarf dazumengen [→b].

4. Die Arbeitsfläche dünn mit Mehl bestreuen. Jeweils 1 EL Hackmasse abnehmen und mit leicht angefeuchteten Händen zu Bällchen formen. Bällchen auf die bemehlte Fläche legen.

5. In einer großen Pfanne das Öl erhitzen. Die Hackbällchen leicht im Mehl drehen und in dem heißen Öl rundum braun und knusprig braten [→c]. Fertige Bällchen auf Küchenpapier abtropfen lassen. Heiß mit dem Moosbeeren-Kompott servieren.

Dazu schmecken kleine Pellkartoffeln, in Butter und gehackter Petersilie geschwenkt.

WÜRZIGES HACKFLEISCH Wenn Sie das Hackfleisch aus 300 g magerem Rind und 200 g Schwein zusammenstellen, schmecken die Bällchen besonders würzig. Nach Geschmack mit etwas frisch geriebenem Ingwer würzen (in Schweden wird gerne Ingwerpulver verwendet).

DAS IST
wirklich
WICHTIG

[a] PÜREE AUSDAMPFEN Die Kartoffel heiß pellen und sofort durchpressen. Das Püree locker ausbreiten, damit die Feuchtigkeit ausdampfen kann. So wird die Hackmasse beim Verkneten nicht klebrig.

[b] GUT KNETEN Je kräftiger die Hackmasse geknetet wird, desto besser halten die Bällchen beim Braten zusammen. Ist der Teig zu weich, nach und nach Semmelbrösel dazumengen.

[c] HACKBÄLLCHEN BRATEN Damit die Hackbällchen rundum bräunen, die Pfanne immer wieder rütteln und schütteln, eventuell die Bällchen mit dem Kochlöffel bewegen.

[a]

DAS IST *wirklich* WICHTIG

[a] PUTENSCHNITZEL KLOPFEN Das Fleisch nur mit der flachen Seite des Klopfers oder einem schweren Messer behutsam bearbeiten. So werden die Fleischfasern schon etwas gelockert und die Röllchen ziehen sich beim Braten nicht zusammen.

PIKANTE PUTENRÖLLCHEN
mit Reizkern

KLEINE SCHNITZELRÖLLCHEN MIT REIZKERN GEFÜLLT UND MIT GEMÜSE GE-
SCHMORT. EIN FEINES ESSEN, ZU DEM FRISCHES WEISSBROT ALS BEILAGE GENÜGT.

Zutaten für 4 Portionen

4 Putenschnitzel (à 125 g)

1 EL Sambal Oelek (Chilipaste)

90 g Tomatenmark

½ TL Fünf-Gewürze-Pulver

4 EL Olivenöl

Salz

4 Zwiebeln

3 Knoblauchzehen

1 rote Paprikaschote

300 g kleine Kartoffeln

2 große Möhren

2 Fleischtomaten

250 g Edel-Reizker oder
Pfifferlinge

2 EL Mehl

300 ml Gemüsebrühe

Pfeffer aus der Mühle

1 Bund Petersilie

Pilz-Gewürzsalz (siehe Seite 11)

Zeitbedarf
▪ 30 Minuten + 1 Stunde garen

So geht's

1. Jedes Schnitzel einmal längs und einmal quer halbieren. Die Fleischteile leicht klopfen [→a]. Sambal Oelek mit 2 EL Tomatenmark, Fünf-Gewürze-Pulver und 1 EL Olivenöl verrühren, mit Salz abschmecken. Mischung auf die Schnitzelstreifen streichen.

2. Zwiebeln und Knoblauch schälen, grob hacken. Paprikaschote waschen und vierteln, Stiele und Trennhäute mit den Kernen entfernen, in Stücke schneiden. Kartoffeln und Möhren schälen, grob würfeln. Tomaten waschen, vierteln und vom Stielansatz befreien.

3. Die Pilze mit Pinsel und Küchenpapier säubern, putzen und längs vierteln. Jeweils 1 oder 2 Pilzviertel auf ein Schnitzelstück legen, die Schnitzel fest aufrollen und mit Rouladennadeln oder Zahnstochern fixieren. Die Röllchen in dem Mehl wenden, überschüssiges Mehl leicht abschütteln.

4. In der Schmorpfanne das restliche Olivenöl erhitzen. Die Röllchen bei mittlerer Hitze in etwa 10 Minuten rundum leicht anbräunen. Gehackte Zwiebeln und Knoblauch mit den übrigen Pilzen zu den Röllchen geben und weiter braten. Die Paprikastücke dazugeben.

5. Kartoffel- und Möhrenwürfel sowie Tomatenviertel zu den Röllchen geben, ein paar Minuten weiterschmoren. Das restliche Tomatenmark mit der Gemüsebrühe verrühren und zu den Röllchen gießen. Mit Salz und Pfeffer abschmecken. Zugedeckt bei schwacher Hitze 1 Stunde schmoren lassen.

6. Die Petersilie waschen, trocken schütteln, Blättchen abzupfen und hacken. Das Gericht mit Pilz-Gewürzsalz abschmecken und mit Petersilie bestreut servieren.

SÜSSE WALDBEEREN
ernten und verarbeiten

NICHT ALLE SÜSSEN FRÜCHTE HÄNGEN HOCH. NACH MANCHEN MUSS MAN SICH TIEF BÜCKEN. DAFÜR HÄLT DAS ANGEBOT DER OBSTSTÄNDE ODER SUPERMÄRKTE FRISCH GEPFLÜCKTEN BEEREN NICHT STAND.

HEIDELBEEREN

Recht mühsam ist die Ernte der wilden Heidelbeeren, auch Blau- oder Bickbeeren genannt. Man findet sie auf sauren Böden, in Moorlandschaften und lichten Wäldern. Sie schmecken nicht nur besser als Kulturheidelbeeren, sondern sind bis ins Fruchtfleisch intensiv blau gefärbt. Man erkennt es nach dem Naschen an Zähnen und Zunge. Diese Farbstoffe machen die Beeren so gesund – sie wirken antioxidativ und schützen die Blutgefäße. Wie alle Beeren, die in Bodennähe wachsen, sollten sie gründlich in lauwarmem Wasser gewaschen werden.

WALDERDBEEREN

Auch die Walderdbeeren schmecken viel süßer und fruchtiger als ihre kultivierten Kolleginnen (die Züchtungen aus amerikanischen Arten sind). Die krautigen, wintergrünen Pflanzen bilden im Frühjahr weiße Blüten, daraus entwickeln sich die leuchtend roten Früchte. Ihre kleinen hartschaligen Nüsschen auf der Oberfläche geben bei längerem Kochen einen herben Geschmack ab. Für Konfitüren mischt man Walderdbeeren daher mit etwas süßeren Beeren. Beim Sammeln sollten die grünen Kelche unversehrt an den Früchten bleiben und erst nach dem Waschen entfernt werden, sonst gehen viel Süße und Aroma verloren.

HIMBEEREN, BROMBEEREN

An Waldlichtungen und sonnigen Waldrändern wachsen die Himbeeren und Brombeeren. Durch ihre stacheligen Ranken gschützt sind sie nicht so leicht zu sammeln. Vor allem die Früchte der Brombeeren sitzen fest am Blütenboden zwischen den Dornen. Da kratzt und sticht es schon mal, wenn man sie abzustreifen versucht. Reife Himbeeren hingegen fallen fast von selbst in die Hand. Die süßen, saftigen Früchte sind sehr vitaminreich, müssen aber so rasch wie möglich verarbeitet werden, sonst verderben sie. Zum Säubern gibt man sie in ein Sieb und braust sie nur kurz und sanft mit kaltem Wasser ab. Himbeeren und Brombeeren lassen sich zudem sehr gut einfrieren: abgetropft auf einem Tablett ausbreiten und tiefkühlen, dann in Gefrierbeutel verpacken.

KORNELKIRSCHEN

Die Sträucher der Kornelkirschen mit ihren goldgelben, honigduftenden Blüten und ihren glänzend roten Früchten dienen oft als Zierpflanzen. Aber die Früchte schmecken auch gut, am besten, wenn sie schon fast von selbst abfallen. Dann erst sind sie richtig süß und aromatisch. Da die Früchte nach und nach reifen, können sie von September bis Oktober geerntet werden. Am besten Tücher unter die Bäume legen und die Äste kräftig schütteln, die reifen Kirschen fallen von selbst ab. Vor der Verwendung kurz unter lauwarmem Wasser abbrausen und gut abtropfen lassen. Kornelkirschen können roh gegessen, zu Saft ver-

WO UND WANN SIE DIE WICHTIGSTEN SÜSSEN WILDBEEREN FINDEN

BEERENSORTEN	BODEN	ERNTEZEIT
Brombeere	Waldrand	Juni–Aug.
Heidelbeere	lichter Wald, Moore	Juni–Sept.
Himbeere	Waldrand	Juni–Sept.
Kornelkirsche	Wiesenrand	Sept.–Okt.
Walderdbeere	lichter Wald, Waldrand	Juli–Okt.

arbeitet, in Alkohol eingelegt oder auch getrocknet werden. Für Gelees und Konfitüren lassen sie sich gut mit Birnen, Äpfeln oder Zwetschgen mischen. Besonders in Österreich wird ein Obstwasser aus Kornelkirschen, „Dirndlbrand" genannt, sehr geschätzt.

FUCHSBANDWURM-GEFAHR

Immer wieder wird vor dem Genuss nahe am Boden wachsender Beeren und Pilze gewarnt, da diese möglicherweise Eier des gefürchteten Fuchsbandwurmes auf den Menschen übertragen könnten. Expertenmeinungen zufolge seien in Wahrheit keine Infektionsfälle durch den Verzehr bodennaher Pflanzen nachweisbar. Wer trotzdem ganz sicher gehen will, isst Beeren und Pilze nur gekocht. Das Erhitzen auf 70 °C tötet Wurmeier ab.

WALDERDBEEREN
auf heißem Hefekuchen

SCHMECKT AUCH GUT IN FORM VON GERÖSTETEN MILCHBRÖTCHEN,
DIE SIE MIT DEN GEZUCKERTEN ERDBEEREN BELEGEN.

Zutaten für 4 Portionen

250 g Walderdbeeren

4 Blättchen frische Minze

4 EL Zucker

8 Scheiben süßer Hefekuchen

ca. 4 EL Butter

geschlagene Sahne zum
Garnieren (nach Geschmack)

Zeitbedarf
- 30 Minuten

So geht's

1. Den Backofen auf 180 °C (Umluft 160 °C) vorheizen. Die Walderdbeeren kurz in stehendem Wasser waschen, abtropfen lassen,
dann erst die Blütenansätze entfernen. Die Beeren halbieren. Die
Minzeblättchen in feine Streifen schneiden. Halbierte Beeren mit
Minzestreifen und dem Zucker in einer Schüssel vermischen und
kurz ziehen lassen.

2. Die Hefekuchen-Scheiben mit Butter bestreichen. Scheiben auf
ein mit Backpapier ausgelegtes Backblech legen und im heißen
Ofen in etwa 10 Minuten leicht knusprig rösten.

3. Die heißen Kuchenscheiben aus dem Ofen nehmen, die marinierten Walderdbeeren darauf verteilen und nach Geschmack mit
einem Klecks geschlagener Sahne garnieren. Warm servieren.

DEN SÜSSEN HEFEKUCHEN gibt es überall fertig als Hefezopf,
in Österreich als „Striezel", in Norddeutschland als „Stuten" zu
kaufen. Für dieses Rezept schmeckt er ohne Rosinen am besten.

HEIDELBEER-QUARK
mit Birnen und Löffelbiskuits

EIN TOLLES SOMMERDESSERT ZUM LÖFFELN. WENN SIE DEN WEISSWEIN DURCH BIRNENSAFT ERSETZEN, SCHMECKT ES AUCH KINDERN AUSGEZEICHNET.

Zutaten für 4 Portionen

2 reife Birnen

125 ml Weißwein oder Birnensaft

1 EL flüssiger Honig

½ TL Vanillezucker

125 g Heidelbeeren

2 EL Zucker

200 g Quark (20 % Fett)

100 g Sahne

60 g Löffelbiskuits

Zeitbedarf
- 30 Minuten

So geht's

1. Die Birnen waschen, schälen und vierteln. Die Kerngehäuse entfernen und die Birnenviertel in Scheiben schneiden. In einem Topf den Weißwein mit Honig und Vanillezucker aufkochen, die Birnenscheiben in den heißen Sud legen. Topf zudecken und vom Herd nehmen, abkühlen lassen.

2. Die Heidelbeeren verlesen und in lauwarmem Wasser waschen, in einem Sieb abtropfen lassen. Die Hälfte der Beeren in eine tiefe Schüssel geben, mit Zucker bestreuen und mit einem Löffel zerdrücken. Mit dem Quark und der Sahne glatt verrühren.

3. Die Löffelbiskuits in Stücke brechen und damit Dessertschalen auslegen. Mit dem Birnensud beträufeln, die Birnenscheiben darüber verteilen. Den Heidelbeer-Quark daraufsetzen und mit den ganzen Heidelbeeren bestreuen. Sofort servieren.

FÜR DEN BEERENQUARK können Sie auch Walderdbeeren, Himbeeren, Schwarze Johannisbeeren oder Brombeeren verwenden. Bei herben Früchten etwas mehr Zucker nehmen.

EIERKUCHEN AUS DEM OFEN
mit Beerensalat

PFANNKUCHEN EINMAL SO: IN FÖRMCHEN GEBACKEN, HEISS MIT MARINIERTEN BEEREN GEFÜLLT. SCHMECKEN AUCH GUT ZUM NACHMITTAGS-KAFFEE.

Zutaten für für 4 Personen

300 g gemischte Beeren (Walderdbeeren, Himbeeren, Brombeeren, Heidelbeeren)

30 g Zucker

4 Eier (Größe S)

250 ml Milch

1 Prise Salz

150 g Mehl

40 g Butter

1 TL Zitronensaft

besonderes Werkzeug
- 4 flache Auflaufförmchen (à 250 ml)

Zeitbedarf
- 1 Stunde

So geht's

1. Die Beeren verlesen, aber noch nicht putzen. In ein Sieb geben und in eiskaltem Wasser schwenken, gut abtropfen lassen. Jetzt erst von den Erdbeeren die Kelchblätter abzupfen und Beeren putzen. In eine Schüssel füllen und mit dem Zucker bestreuen.

2. Den Backofen auf 200 °C (Umluft 180 °C) vorheizen. Die Eier in einer Schüssel mit dem Schneebesen schaumig schlagen. Milch und Salz einrühren, dann nach und nach das Mehl mit dem Schneebesen untermischen [→a].

3. Butter auf die Auflaufförmchen verteilen und im heißen Ofen zerlassen. Förmchen schwenken, bis sie vollständig gefettet sind [→b]. Zu ¾ mit Eierteig füllen und im Ofen etwa 25 Minuten backen, bis die Oberflächen schön gebräunt sind.

4. Den Zitronensaft vorsichtig unter die gezuckerten Beeren mischen. Die Förmchen aus dem Ofen nehmen und die Beeren auf den Eierkuchen verteilen. Heiß in den Förmchen servieren.

OBST-ALTERNATIVEN Wenn die Beerenernte mal nicht so reich ausgefallen ist, mischen Sie ganz klein gewürfelte Pfirsiche und Kiwis dazu.

BUTTER AUF-SCHÄUMEN, ABER NICHT BRÄUNEN.

[b]

DAS IST *wirklich* WICHTIG

[a] MEHL UNTERMISCHEN Mehl nach und nach unter die Eiermilch rühren, damit es keine Klümpchen gibt. Falls das doch einmal passiert, gießen Sie die Masse durch ein feines Sieb – dann bleiben die Mehlklümpchen darin hängen.

[b] BUTTER ZERLASSEN Die Butter in den Förmchen soll aufschäumen, aber noch nicht bräunen. Dann die Förmchen mit Topflappen aus dem Ofen nehmen und so schwenken, dass sie innen gleichmäßig mit Butter überzogen sind.

GEDÜNSTETE BIRNENSPALTEN
mit heißen Himbeeren

EIN DUFTENDES SOMMERDESSERT: ZUCKER UND ZITRONE
VERLEIHEN DEN FRÜCHTEN EINE HERB-SÜSSE NOTE.

Zutaten für 4 Portionen

4 kleine feste Birnen
(z. B. Forelle)

50 g Zucker

2 EL Zitronensaft

200 g Himbeeren

Zeitbedarf
- 30 Minuten

So geht's

1. Die Birnen schälen, längs halbieren und die Kerngehäuse mit dem Kugelausstecher entfernen. In einem Topf den Zucker und den Zitronensaft in 300 ml Wasser aufkochen.

2. Die Birnenhälften in den Sud legen und offen bei mittlerer Hitze 5–10 Minuten ziehen lassen, bis beim Einstechen mit einer Messerspitze nur noch ein leichter Widerstand spürbar ist. Die gegarten Birnen aus dem Sud heben, abtropfen lassen. In Dessertschalen anrichten.

3. Den Birnensud auf halbe Menge einkochen lassen. Inzwischen die Himbeeren verlesen, in einem Sieb in stehendem Wasser kurz waschen und abtropfen lassen. In dem eingekochten Sud erhitzen. Die Himbeeren über den Birnen verteilen und servieren.

WALDERDBEEREN-CREME
mit Kokosmilch

SCHMECKT AUCH GUT MIT GERÖSTETEN KOKOSRASPELN GARNIERT.
IN JEDEM FALL EINE GELUNGENE SOMMERSPEISE FÜR DIE GANZE FAMILIE.

Zutaten für 4 Portionen

300 g reife Walderdbeeren

200 ml Kokosmilch

3 EL frisch gepresster Orangensaft

1–2 EL Zucker

Minzeblättchen zum Garnieren

Zeitbedarf
- 20 Minuten +
  1–2 Stunden ziehen

So geht's

1. Die Erdbeeren in ein Sieb geben und kurz in stehendem kaltem Wasser waschen. Abtropfen lassen und die Kelchblätter abzupfen. Die Beeren halbieren oder vierteln.

2. Die Kokosmilch in eine Schüssel gießen und mit dem Orangensaft und dem Zucker verschlagen, bis sich der Zucker aufgelöst hat. Die Erdbeeren vorsichtig unterheben und 1–2 Stunden bei Raumtemperatur in der Kokosmilch ziehen lassen.

3. Die Walderdbeeren-Creme in Dessertgläser füllen und mit Minzeblättchen garniert servieren.

KOKOSMILCH ohne Bindemittel und mit hohem Gehalt an Kokosnussfleisch ist hier am besten geeignet. Eventuell die Packung oder die Dose ohne vorheriges Schütteln öffnen und nur die oberste, dickflüssige Schicht ablöffeln und verarbeiten.

FRAU HOLLES STRAUCH
Naturmedizin und Gottessymbol

AUF WIESEN UND AN WALDRÄNDERN, SEHR OFT AN WÄRMENDEN SCHEUNENWÄNDEN, STEHT DER HOLUNDERSTRAUCH. NACH ALTEM VOLKSGLAUBEN WOHNEN DARIN DIE BESCHÜTZENDEN HAUSGÖTTER.

Ein Hollerbusch ist so gut wie eine ganze Apotheke, das wusste man schon bei den alten Griechen und Römern. Die intensiv duftenden Blüten, die wie winzig kleine Sonnen aussehen, können von Mai bis Juli geerntet werden. Ihr Tee fördert die Abwehrkräfte, wirkt schweißtreibend und hilft bei grippalen Infekten. Der Saft aus gekochten Beeren steckt nicht nur voller Vitamine und Mineralstoffe, auch er wirkt gegen Husten und Erkältung. Früher legte man frische Holunderblätter zwischen die Äpfel im Keller, damit sich diese länger hielten. Und ein Holunderzweig über den Milchkübel gelegt sollte die Fliegen abhalten.

SCHÜTZENDE HIMMELSGÖTTIN

Einst war der Holunderstrauch Sitz der germanischen Erd- und Himmelsgöttin Holder, auch Holda oder Holla. Ihr wurde große Macht nachgesagt. Sie war eine freundliche, eine „holde", den Menschen zugetane und hilfreiche Göttin. Dem Haus, den dort lebenden Menschen, den Tieren und Pflanzen bot sie Schutz und konnte auch Krankheiten heilen. Sie galt als Gebieterin über die Jahreszeiten, sie sorgte für Sonne, Regen und Schnee und wachte über das Herdfeuer.

GÜTIGE FRAU HOLLE

In den Grimm'schen Märchen taucht die Himmelsgöttin in Person der Frau Holle auf. In den „Raunächten" von Weihnachten bis Dreikönig durfte nicht gewaschen, geputzt oder Wolle gesponnen werden. Die Göttin zog mit Schnee und Eis über das Land, um die bösen Geister zu bändigen. Durch ihr Wirken sollte die Erde ihre Fruchtbarkeit zurückerhalten. Unter dem Holunderbusch brachte man ihr Opfer dar. Wer einen solchen heiligen Strauch fällte, wurde mit Krankheit bestraft. Wer aber nach ihren Gesetzen lebte, wurde reich belohnt.

BÖSE HEXE

Im Alpenraum hat sich diese Göttin als „Perchta" erhalten, was sich später zum Namen „Bertha" (die Strahlende) wandelte. Die gütige, weise Frau stand für die strahlende, wärmende Sonne und für die nährende Erde. Doch mit der Christianisierung wurde aus der Schützenden eine Raunacht-Hexe. Aber der Mythos vom schützenden Holunder lebte bis ins 18. Jahrhundert: Auf dem Land scheuten sich die Leute, einen Holunderbusch zu fällen oder zu beschädigen. Die Hausgeister sollten nicht verärgert werden.

DICKMILCH-CREME
mit Preiselbeeren

DAS ERFRISCHEND-SÄUERLICHE DESSERT WIRD IN
NORDDEUTSCHLAND „ERRÖTENDES MÄDCHEN" GENANNT.

Zutaten für 4 Portionen

125 g Preiselbeeren

60 g Zucker

1 TL Zitronensaft

400 g Dickmilch

200 g saure Sahne

150 g Pumpernickel oder
Roggenvollkornbrot

2 EL Kakaopulver

Zeitbedarf
▪ 30 Minuten +
   1 Stunde kühlen

So geht's

1. Die Preiselbeeren verlesen und waschen. Zucker und Zitronensaft in 50 ml Wasser 5 Minuten sprudelnd kochen lassen. Die Preiselbeeren dazugeben, bei schwacher Hitze weitere 10 Minuten leise köcheln, dabei den Topf ab und zu etwas rütteln (möglichst nicht umrühren). Beeren in eine Schüssel füllen und abkühlen lassen.

2. Die Dickmilch mit der sauren Sahne glatt verrühren. Die gekochten Preiselbeeren so untermischen, dass eine rot-weiß gestreifte Creme entsteht.

3. Den Pumpernickel zerbröseln und mit der Hälfte von dem Kakaopulver vermischen. Abwechselnd Preiselbeer-Dickmilch und Pumpernickelbrösel in Dessertgläser schichten. Mit dem restlichen Kakaopulver bestreuen und servieren.

Schmeckt auch gut, wenn Sie anstatt der Preiselbeeren frische Berberitzenbeeren verwenden.

WALDBEEREN-GRÜTZE
mit Zimtsahne

GRÜTZE IST DAS RICHTIGE FÜR HEISSE SOMMERNACHMITTAGE.
DAZU SCHMECKT EIN GLAS EISKALTE MILCH SEHR GUT.

Zutaten für 4 Portionen

200 g Himbeeren

120 g Brombeeren

50 g Preiselbeeren

70 g Zucker

6 Blatt Gelatine

200 ml Rotwein oder
Traubensaft

200 g kalte Sahne

½ TL gemahlener Zimt

Zeitbedarf
- 30 Minuten +
  5 Stunden ruhen

So geht's

1. Die Beeren verlesen, waschen und abtropfen
   lassen. In einen Topf geben und mit 50 g Zucker
   bestreuen. 1 Stunde zugedeckt ziehen lassen.

2. Die Gelatineblätter in kaltem Wasser 5 Minuten
   einweichen. Den Wein zu den gezuckerten Beeren gießen, alles unter Rühren aufkochen und
   bei schwacher Hitze etwa 10 Minuten sanft köcheln lassen. Die Gelatineblätter ausdrücken, in
   die Beerenmischung einrühren und auflösen.

3. Die Masse in eine Schüssel füllen. Abgedeckt
   etwa 4 Stunden in den Kühlschrank stellen und
   fest werden lassen.

4. Zum Servieren die kalte Sahne mit dem restlichen Zucker cremig-fließend aufschlagen, den
   Zimt unterrühren. Die Grütze portionieren und
   mit der Zimtsahne anrichten.

Die Varianten

Holunderkompott
500 g reife Holunder-
beeren in ein Sieb abre-
beln, verlesen, lauwarm
abbrausen, abtropfen
lassen. Mit 150 g Zucker
bestreuen, 250 ml Rot-
wein (oder Traubensaft)
dazugießen. 1 kleine
Zimtstange durchbre-
chen, mit 5 Gewürznel-
ken zu den Beeren ge-
ben. Bei mittlerer Hitze
10 Minuten leise ko-
chen, dabei die Beeren
leicht zerdrücken. 1 EL
Speisestärke mit kaltem
Wasser glattrühren, da-
zugießen, einmal kräftig
aufwallen lassen. Warm
oder kalt servieren.

STATT MIT GELATINE kann die Grütze auch mit
Stärke gebunden werden. Dafür 2 EL Speisestärke
mit 4 EL kaltem Wasser glatt verrühren, zu der Beerenmischung gießen und unter kräftigem Rühren einmal
aufkochen lassen.

KORNELKIRSCHEN-SMOOTHIE
mit Äpfeln und Bananen

JE RASCHER SIE DIESEN KÖSTLICHEN MIX SERVIEREN,
DESTO MEHR WERTVOLLE VITAMINE BLEIBEN DARIN ERHALTEN.

Zutaten für 4 Portionen

600 g reife Kornelkirschen

3 süße Äpfel
(z. B. Golden Delicious, Elstar)

2 reife Bananen

Zeitbedarf
- 20 Minuten

So geht's

1. Die Kornelkirschen waschen und abtropfen lassen, entsteinen. Die Äpfel waschen, vierteln und die Kerngehäuse entfernen. Die Apfelviertel in Stücke schneiden. Kirschfruchtfleisch und Apfelstücke im elektrischen Entsafter zu Saft verarbeiten oder mit dem Pürierstab glatt vermusen

2. Die Bananen schälen und mit einer Gabel zerdrücken. Unter den Saft mischen, kräftig mit der Gabel verquirlen und in Gläser füllen. Sofort servieren.

WALDERDBEEREN-MILCHMIX
mit gestoßenem Eis und Zimt

MIT DIESEM EISGEKÜHLTEN SMOOTHIE AN EINEM SCHATTIGEN PLÄTZCHEN
KANN DIE SOMMERHITZE GERNE RICHTIG LANGE ANDAUERN.

Zutaten für 4 Portionen

2 Bananen

2 reife Pfirsiche

200 g Walderdbeeren

2 EL Zucker

1 TL Vanillezucker

1 Msp. gemahlener Zimt

300 ml Milch

4 Eiswürfel

Zeitbedarf
- 20 Minuten

So geht's

1. Die Bananen und die Pfirsiche schälen, in Stücke schneiden. Pfirsiche eventuell kurz mit Wasser überbrühen und kalt abschrecken, dann lässt sich die Haut leichter lösen. Die Walderdbeeren kurz in stehendem Wasser waschen, dann die Kelchblätter entfernen.

2. Das Obst in einen Mixer geben. Mit Zucker, Vanillezucker und Zimt bestreuen, alles glatt pürieren. Bei laufendem Mixer die Milch langsam zugießen, zum Schluss die Eiswürfel dazugeben und noch so lange mixen, bis das Eis geschmolzen ist. Den Milchmix in hohe Gläser füllen und sofort servieren.

Schmeckt auch gut, wenn man anstatt der Walderdbeeren reife Himbeeren verwendet.

Die Variante

Erdbeer-Milch-Shake
250 g Walderdbeeren waschen, abtropfen lassen und die Kelchblätter entfernen. 4 schöne Früchte beiseitelegen, die übrigen mit 30 g Zucker, 1 Päckchen Vanillezucker und ½ l kalter Milch im Mixer glatt pürieren. Nach Gschmack noch 2 EL Mandellikör dazumixen. Den Milch-Shake auf Gläser verteilen, die beiseitegelegten Beeren in Scheibchen schneiden und damit garnieren.

OHNE MIXER können Sie das Obst auch mit dem Pürierstab vermusen. Die Eiswürfel müssen vorher zerkleinert werden. Dazu wickeln Sie die Würfel in ein Geschirrtuch und zerschlagen sie mit dem Fleischklopfer.

VERWÖHNEN

Feines für besondere Tage

EDLE VORSPEISEN MIT FISCH ODER SPARGEL, HAUPTGERICHTE MIT GEFLÜGEL ODER FILET UND ZUM ABSCHLUSS WUNDERBAR CREMIGE DESSERTS. DA FÄNGT DER GENUSS SCHON BEIM KOCHEN AN.

SPÄTE ERNTE
Manche Früchte brauchen Zeit

NACH DEN SÜSSEN BEEREN DES SOMMERS REIFEN SPÄT IM HERBST DIE EHER HERBEN FRÜCHTE. MANCHE ERHALTEN ERST NACH DEN ERSTEN FRÖSTEN IHREN BESTEN GESCHMACK.

Wenn sich im Herbst aus den hellrosa Blüten der Heckenrose korallenrote Hagebutten bilden, pulen Kinder gern die kleinen Kerne aus den Früchten: ein Juckpulver, mit dem sich gut Unsinn treiben lässt. Die kleinen Widerhaken auf den Kernen bohren sich nämlich in die Haut und kratzen fürchterlich.

WIDERBORSTIGE HAGEBUTTE
Diese Sammelfrüchte, auch Hägen oder Hiffen genannt, haben sehr fleischige Schalen (und eben jene tückischen borstigen Härchen). Die süßsauer schmeckenden Früchte werden mit fortschreitender Reife immer süßer. Viele fallen den ganzen Winter nicht vom Strauch – nach den ersten Frösten sind sie allerdings so weich, dass sie nur noch schwer zu verarbeiten sind. Um Hagebutten zu verarbeiten, muss man zuerst die Schalen vom Rest befreien – eine mühselige Angelegenheit: die Blütenansätze müssen entfernt, die festen Früchte aufgeschnitten und dann die Kerne (Nüsschen) herausgekratzt werden. Die Mühe lohnt: Die Fruchtschalen enthalten hochwertige Inhaltsstoffe – viel Vitamin C, Vitamin A, B1 und B2, außerdem genauso viel Lycopin (ein Antioxidans) wie Tomaten. Und aus den abgespülten Kernen lässt sich sogar noch ein feiner Tee zubereiten.

FROSTIGE SCHLEHEN

Die herbsauren Früchte des Schlehdorns werden erst richtig gut, wenn sie die ersten kräftigen Fröste erlebt haben. Schlehen lassen sich gut zu Kompott, Konfitüre oder Likör verarbeiten. (Die Seite 125 widmet sich ausgiebig dieser Frucht.)

VERBINDENDER WEISSDORN

Das Fruchtfleisch der Weißdornbeeren ist im September am besten zu verwerten. Dann schmeckt es säuerlich-süß und mehlig (die Beeren werden auch Mehlbeeren genannt). Die Frucht ist roh essbar, durch ihren hohen Gehalt an gelierenden Stoffen eignet sie sich aber besonders gut zur Mischung mit anderen Früchten bei der Konfitürenherstellung.

WILDER APFEL

Der Holzapfel- oder Wildapfelbaum gehört zur Familie der Rosengewächse – es ist eher ein großer Strauch als ein richtiger Baum.

Seine kleinen, kugeligen, oft schrumpeligen Früchte werden ab September reif. Durch ihren hohen Gehalt an Gerbstoffen schmecken sie doch recht sauer und herb. Gedörrt oder gekocht indessen, vor allem mit milderen Obstsorten zu Konfitüre verarbeitet, liefert gerade ihre frisch-herbe Note das gewisse Extra. Die herben Früchte des anspruchslosen Wildapfelbaumes waren bereits bei den Steinzeitmenschen als Obst geschätzt.

WO UND WANN SIE DIE WICHTIGSTEN SPÄT REIFENDEN FRÜCHTE FINDEN

FRUCHT	BODEN	ERNTEZEIT
Hagebutte	Hecke, Waldrand	Okt.–Jan.
Holzapfel	Auenwald	Sept.–Okt.
Schlehe	Wald- und Wegrand	Okt.–Dez.
Weißdornbeere	Hecke, Gebüsch	Aug.–Sept.

GEKÜHLTE FISCHFILETS
in Walnuss-Berberitzen-Sauce

BEI DIESER GEORGISCHEN VORSPEISE WIRD DER SÄUERLICHE BERBERITZENSAFT ANSTELLE VON ZITRONE VERWENDET. ER GIBT AUCH EINE SCHÖNE FARBE.

Zutaten für 4 Portionen

50 g Berberitzen

1 Fischfilet (ca. 500 g; Rotbarsch, Seelachs oder Kabeljau)

2 Zwiebeln

2 Lorbeerblätter

1 TL schwarze Pfefferkörner

Salz

4 Knoblauchzehen

125 g Walnusskerne

1 TL Koriandersamen

1 TL scharfes Paprikapulver

½ TL gemahlener Zimt

grob gehackte Petersilie
für die Garnitur

besonderes Werkzeug
▪ Mixer oder Mörser

Zeitbedarf
▪ 45 Minuten +
  1 Stunde kühlen

So geht's

1. Die Berberitzen verlesen, in einem Sieb kalt abbrausen. In einen kleinen Topf füllen und mit dem Esslöffel zerdrücken. 100 ml Wasser dazugießen, einmal aufkochen und beiseitestellen.

2. Das Fischfilet kurz kalt abbrausen und trocken tupfen. Die Zwiebeln schälen und in Scheiben schneiden, mit Lorbeerblättern und Pfefferkörnern in einen breiten Topf geben, ½ l Wasser dazugießen, salzen und aufkochen. Den Topf vom Herd nehmen, das Fischfilet einlegen und 5 Minuten ziehen lassen [→a]. Mit dem Schaumlöffel aus dem Sud heben, auf eine Anrichteplatte legen und abkühlen lassen. Die Garflüssigkeit aufheben.

3. Den Knoblauch schälen und grob würfeln. Von den Walnusskernen ein paar schöne beiseitelegen, die übrigen in Stücke brechen. Im Mixer die Korianderkörner zu Pulver mahlen, Knoblauchwürfel und zerkleinerte Walnusskerne dazugeben und ebenfalls mahlen. Die Zwiebelringe aus dem Sud heben und zugeben. Die Mischung in einen Topf füllen, mit Paprikapulver und so viel von der Garflüssigkeit verrühren, dass eine dickflüssige Sauce entsteht. Langsam aufkochen und offen 10 Minuten bei schwacher Hitze köcheln lassen, dabei öfter umrühren [→b].

4. Die Berberitzen samt Kochflüssigkeit zu der Sauce rühren, mit Zimt und Salz abschmecken. Alles weitere 10 Minuten bei schwacher Hitze ziehen lassen. Durch ein Sieb über das Fischfilet gießen. Filet 1 Stunde im Kühlschrank ziehen lassen. Mit den restlichen Walnusskernen garniert und nach Geschmack mit Petersilie umstreut servieren.

BERBERITZEN wachsen auch auf heimischen Ziersträuchern. Auch diese Früchte können Sie hier verwenden. Sie schmecken allerdings sehr herb, nehmen Sie in dem Fall also nur die Hälfte der angegebenen Menge.

DAS IST *wirklich* WICHTIG

[a] ZIEHEN LASSEN Der Sud für den Fisch soll zwar einmal kräftig aufkochen, damit die Gewürze ihr Aroma abgeben. Sobald der Fisch eingelegt wird, darf die Flüssigkeit aber nur noch ganz leise sieden. So bleibt das Filet weich und saftig.

[b] SAUCE ANRÜHREN Die Sauce soll so dickflüssig wie leicht geschlagene Sahne werden. Beim Kochen öfter umrühren, sie Sauce setzt sich sonst leicht am Topfboden fest.

[b]

PILZKAVIAR
mit Rotweinessig

DIE RUSSISCHE VORSPEISE WIRD STILGERECHT MIT BUCHWEIZENBLINIS UND EINEM KLECKS SAURER SAHNE SERVIERT.

Zutaten für 4 Portionen

250 g Waldpilze (Steinpilze, Maronen- oder Rotfuß-Röhrlinge, Ziegenlippen)

1 große Zwiebel

2–3 Knoblauchzehen

50 ml Sonnenblumenöl

2 EL Pilzfond (nach Geschmack, siehe Seite 17)

2 EL Rotweinessig

Salz, Pfeffer aus der Mühle

Zeitbedarf
▪ 30 Minuten

So geht's

1. Die Pilze mit Pinsel und Küchenpapier säubern, putzen und sehr fein würfeln. Zwiebel und Knoblauch schälen und fein hacken.

2. In einer Pfanne die Hälfte des Öls erhitzen. Die Zwiebelwürfel kurz darin hellgelb dünsten. Knoblauch- und Pilzwürfel dazugeben, unter Rühren bei mittlerer Hitze garen, bis der austretende Saft verdampft ist, und die Pilze in dem Öl braten.

3. Die gebratene Pilzmischung in eine Schüssel füllen und mit Pilzfond, Essig und dem restlichen Öl vermischen. Mit Salz und Pfeffer abschmecken, nochmals alles gut durchmischen. Lauwarm oder kalt servieren.

PILZKAVIAR AUS DEM VORRAT Etwa 30 g getrocknete Pilze (Steinpilze, Maronen-Röhrlinge) knapp mit lauwarmem Wasser bedecken und 2–3 Stunden quellen lassen. Ausdrücken und klein hacken, wie oben angegeben dünsten. Anschließend die Einweichflüssigkeit (ohne Bodensatz) aufgießen und bei mittlerer Hitze kochen, bis die Flüssigkeit fast verdampft ist.

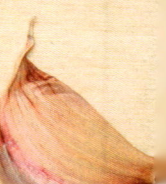

AUSTERN-SEITLINGE

„getrüffelt"

GEHACKTE PILZE MIT KNOBLAUCH UND PETERSILIE WERDEN IN ITALIEN „TRIFOLATI" GENANNT, OBWOHL DAS GERICHT GAR KEINE TRÜFFEL ENTHÄLT.

Zutaten für 4 Portionen

600 g Austern-Seitlinge

1 dünne Stange Lauch

1 Bund Petersilie

3 Knoblauchzehen

4 EL Olivenöl

Salz, Pfeffer aus der Mühle

Zeitbedarf

▪ 30 Minuten

So geht's

1. Die Austern-Seitlinge von den harten Strünken befreien, die Hüte putzen, längs in 1 cm breite Streifen schneiden. Den Lauch putzen, längs halbieren, gründlich waschen und in feine Streifen schneiden. Petersilie waschen, trocken schütteln, Blättchen abzupfen und fein hacken. Knoblauch schälen und ebenfalls fein hacken.

2. In einer Pfanne das Olivenöl erhitzen. Knoblauchwürfel bei mittlerer Hitze goldgelb braten, dann die Pilzstreifen zugeben und so lange braten, bis sie ihren Saft abgegeben haben und leicht bräunen. Lauchstücke untermischen und ein paar Minuten dünsten, aber nicht bräunen lassen. Die Hälfte der gehackten Petersilie untermischen, alles mit Salz und Pfeffer abschmecken. Auf Teller verteilen und mit der restlichen gehackten Petersilie bestreuen.

DAS IST *wirklich* WICHTIG

[a] HEU ENTFERNEN Die Artischocken mit einem schweren Messer quer so durchschneiden, dass die inneren, zartvioletten Blütenblätter zu sehen sind. Diese auszupfen und die darunterliegenden Blütenfasern, das „Heu", mit dem Kugelausstecher entfernen.

[b] MAYONNAISE Alle Zutaten sollen zimmerwarm sein. Das Öl erst tropfenweise, dann portionsweise in dünnem Strahl zugeben. Dabei immer so lange schlagen, bis das Öl vollständig von der Eigelbmischung aufgenommen worden ist.

[a]

[b]

ARTISCHOCKEN
mit Austern-Seitlingen

FRISCHE ARTISCHOCKEN MIT SELBST GERÜHRTER ZITRONENMAYONNAISE
UND PILZEN – EINE TOLLE VORSPEISE, WENN GÄSTE KOMMEN.

Zutaten für 4 Portionen

4 große Artischocken

1 Bio-Zitrone

Salz

200 g Austern-Seitlinge oder
Wiesen-Champignons

1 EL Butter

100 ml Weißwein

2 frische Eigelb

1 TL mittelscharfer Senf

125 ml natives Olivenöl
extra

Pfeffer aus der Mühle

besonderes Werkzeug
▪ Kugelausstecher

Zeitbedarf
▪ 1 Stunde

So geht's

1. Die Artischocken waschen, die Stiele und die äußersten Blätter abbrechen. Die übrigen Blätter mit einer Schere etwas kürzen und die Artischocken quer durchschneiden. Mit dem Kugelausstecher das Heu (die festen Blütenfasern) entfernen [→a].

2. Die Zitrone heiß waschen, abtrocknen und halbieren. Mit einer Zitronenhälfte die Schnittflächen der Artischocken abreiben, Zitronenhälften auspressen. Etwa 1 l Wasser mit 2 EL Zitronensaft und 1 TL Salz aufkochen, die Artischocken darin 45 Minuten zugedeckt bei mittlerer Hitze garen.

3. Inzwischen die Austern-Seitlinge von den harten Strünken befreien, Hüte putzen, klein würfeln. In einer Pfanne die Butter erhitzen und die Pilzwürfel bei starker Hitze kurz anbraten, dabei öfter wenden. Den Wein dazugießen und alles offen etwa 15 Minuten bei schwacher Hitze köcheln lassen, bis der Wein fast vollständig verdampft ist.

4. Für die Zitronenmayonnaise die Eigelbe in eine Schüssel geben, etwas Zitronenschale fein abreiben und dazugeben, mit Senf und 2 EL Zitronensaft verrühren. Mit dem Schneebesen kräftig verschlagen und dabei nach und nach das Olivenöl zufließen lassen [→b]. Die Mayonnaise mit Salz und Pfeffer abschmecken.

5. Die Artischocken in ein Sieb abgießen, mit den ausgehöhlten Seiten nach unten abtropfen lassen. Auf vier Teller verteilen, etwas Mayonnaise in die Aushöhlungen füllen und die Pilze darauf verteilen. Die restliche Mayonnaise als Dip getrennt servieren.

Die Artischockenblätter mit den Fingern abziehen, in die Mayonnaise tauchen und den fleischigen Teil mit den Zähnen abstreifen.

HEFEPFANNKUCHEN
mit Pilzen und Holunder-Kompott

GEBRATENE PILZE MIT PIKANTEM WILDBEERENKOMPOTT UND KLEINEN HEFEPFANNKUCHEN – EIN NICHT ALLTÄGLICHER GENUSS.

Zutaten für 4 Portionen

400 g kleine Maronen-Röhrlinge

300 ml Milch

ca. 20 g frische Hefe

200 g Mehl

Salz

250 g reife Holunderbeeren (verlesen)

3 Schalotten

2 EL Zucker

75 ml Rotwein

3 EL Rotweinessig

Pfeffer aus der Mühle

½ TL gemahlener Zimt

1 Zweig frischer oder 1 TL getrockneter Estragon

3 EL Butter, 1 EL Öl

Öl zum Backen

2 Eier

Zeitbedarf
▪ 1 Stunde

So geht's

1. Die Maronen-Röhrlinge mit Pinsel und Küchenpapier säubern. Die Röhren (den Schwamm) bei großen Hüten entfernen. Die Pilze in Scheiben schneiden.

2. Die Milch leicht erwärmen, in eine Schüssel gießen, die Hefe zugeben und unter Rühren auflösen. Die Hefemilch nach und nach in das Mehl einrühren [→a], leicht salzen und zugedeckt 30 Minuten ruhen lassen.

3. Die Holunderbeeren im Sieb warm abbrausen, abtropfen lassen. 1 Schalotte schälen und sehr fein würfeln. Schalottenwürfel in einen Topf geben, mit Zucker bestreuen, mit 1 EL Wasser anfeuchten und bei schwacher Hitze honigbraun werden lassen. Holunderbeeren und Rotwein zugeben [→b], aufkochen und zugedeckt 10 Minuten bei schwacher Hitze köcheln lassen. Ab und zu umrühren und die Beeren dabei leicht zerdrücken. Mit Essig, Salz, Pfeffer und Zimt abschmecken. Das Kompott vom Herd nehmen und zur Seite stellen.

4. Estragon waschen, trocken schütteln, Blättchen abzupfen und fein hacken. Die restlichen Schalotten schälen und klein würfeln. In einer Pfanne die Butter mit 1 EL Öl aufschäumen. Schalottenwürfel und gehackten Estragon bei mittlerer Hitze etwa 2 Minuten anbraten, dann die Pilzscheiben dazugeben und weitere 5 Minuten braten. Salzen, pfeffern und zugedeckt warm stellen.

5. In einer zweiten Pfanne ein wenig Öl erhitzen. Den Hefeteig mit den Eiern verrühren. Aus jeweils 1 Saucenkelle Teig kleine Pfannkuchen auf beiden Seiten hellbraun backen. Mit den Pilzen und dem lauwarmen Holunder-Kompott servieren.

DAS IST *wirklich* WICHTIG

[a] PFANNKUCHENTEIG Zuerst nur einen Teil der lauwarmen Hefemilch zu dem Mehl gießen. Mit der Gabel oder dem Schneebesen vermischen, dann nach und nach die übrige Milch unterrühren. So entstehen keine Klümpchen.

[b] SCHALOTTENWÜRFEL Schalotten in dem schmelzenden Zucker braten, bis sie leicht bräunen. Dann sofort die Beeren zugeben (aufpassen, es spritzt) und den Wein angießen, damit der Zucker nicht zu dunkel bräunt.

[b]

DAS IST *wirklich* WICHTIG

[a] PARASOLE Pilzkappen mit der Lamellenseite nach oben auf das Backblech legen, damit die Würze der Tomatenmischung das Pilzfleisch durchdringen kann.

[b] PILZE ÜBERBACKEN Die Parasole sind gar, wenn die Tomatenmischung an der Oberfläche leicht gebräunt ist. Nicht zu dunkel werden lassen, sonst schmeckt die Masse leicht bitter.

[c] SAUCE HOLLANDAISE Die Masse darf nie zu heiß werden, damit die Eigelbe nicht gerinnen. Das Wasserbad darf nur leise sieden und die Eigelbmasse muss kräftig gequirlt werden. Sobald die Sauce beginnt einzudicken, rasch die kalten Butterstückchen einrühren.

[b]

[c]

GEFÜLLTE PARASOLE
mit Sauce Hollandaise

DIE GROSSEN HÜTE DER SCHIRMLINGE SIND MIT TOMATEN UND NÜSSEN ÜBER-BACKEN BESONDERS WÜRZIG. DAZU GIBT ES EINE RAFFINIERTE EIERSAUCE.

Zutaten für 4 Portionen

8 mittelgroße Parasole

Salz, Pfeffer aus der Mühle

150 g reife Tomaten

2 Zwiebeln

2 Knoblauchzehen

1 Bund glatte Petersilie

35 g Walnusskerne

160 g kalte Butter

1 Schalotte

1 EL Weißweinessig

4 EL Weißwein

5 schwarze Pfefferkörner

2 frische Eigelb

besonderes Werkzeug
▪ Wasserbadschüssel

Zeitbedarf
▪ 1 Stunde

So geht's

1. Die Pilze säubern und putzen, die Stiele abschneiden (mit den Manschetten für Pilz-Gewürzsalz trocknen, siehe Seite 11). Die Hüte auf der Lamellenseite leicht salzen und pfeffern. Die Tomaten kurz in kochendem Wasser überbrühen, häuten, halbieren, Stielansätze entfernen, Fruchtfleisch entkernen. Das Tomatenfleisch klein würfeln. Die Zwiebeln und den Knoblauch schälen, fein hacken. Die Petersilie waschen, trocken schütteln, Blättchen abzupfen und fein hacken. Die Walnusskerne hacken. Den Backofen auf 200 °C (Umluft 180 °C) vorheizen.

2. In einem kleinen Topf 50 g Butter erhitzen. Zwiebel- und Knoblauchwürfel darin bei schwacher Hitze hellgelb dünsten. Topf vom Herd nehmen. Tomatenwürfel, gehackte Petersilie und Walnüsse zugeben, mit Salz und Pfeffer würzen. Die Pilzhüte auf das Backblech setzen [→a], die Tomatenmischung darüberhäufen und jeweils ein kleines Stück Butter daraufsetzen. Seitlich 3–4 EL Wasser angießen und die Pilze im heißen Ofen 20–25 Minuten überbacken [→b].

3. Inzwischen in einem Topf Wasser für ein Wasserbad aufsetzen. Für die Sauce Hollandaise die Schalotte schälen und fein hacken. In einem kleinen Topf mit Essig, Weißwein und Pfefferkörnern 5 Minuten kräftig kochen. Durch ein Sieb in die Wasserbadschüssel abgießen, mit den Eigelben verquirlen. Über dem heißen Wasserbad mit dem Schneebesen schaumig-cremig schlagen. Dann die restliche kalte Butter in kleinen Stücken nach und nach unter die Sauce quirlen [→c]. Mit Salz abschmecken und zu den überbackenen Pilzen servieren.

SPARGEL MIT MORCHELN
und gekochtem Schinken

DER EDLE SPARGEL UND DIE WÜRZIGEN MORCHELN KOMMEN ZUR GLEICHEN ZEIT FRISCH AUF DEN MARKT. MIT GEKOCHTEM SCHINKEN EIN FESTESSEN.

Zutaten für 4 Portionen

1 ½ kg weißer Spargel

Salz

150 g frische Mai-Morcheln oder Spitz-Morcheln

2 Schalotten

2 Knoblauchzehen

2 EL Butter

2 TL Mehl

300 ml Gemüsebrühe

2 Stück Würfelzucker

6 Blätter französischer Estragon

200 g Sahne

Pfeffer aus der Mühle

350 g gekochter Schinken

besonderes Werkzeug
- Spargeltopf mit Siebeinsatz

Zeitbedarf
- 45 Minuten

So geht's

1. Den Spargel waschen, schälen, untere Enden abschneiden [→a]. Die Schalen in den Spargeltopf geben. Etwa 2 l Wasser und 2 TL Salz zugeben und die Spargelschalen 10–15 Minuten auskochen. Die Spargelstangen in den Siebeinsatz stellen.

2. Die Morcheln unter fließendem Wasser waschen, gut trocknen [→b]. Größere Pilze längs halbieren oder vierteln. Die Schalotten und den Knoblauch schälen, sehr fein hacken.

3. In einem Topf die Butter aufschäumen lassen. Schalotten- und Knoblauchwürfel bei schwacher Hitze honigfarben andünsten. Die Morcheln dazugeben und kurz anbraten, bis die Pilzflüssigkeit verdampft ist. Das Mehl darüberstauben und unterrühren. Die Brühe dazugießen und 10 Minuten einkochen lassen.

4. Den Spargelsud durch ein Sieb gießen, dabei auffangen, zurück in den Spargeltopf geben. Den Sud mit dem Würfelzucker aufkochen und die Spargelstangen darin in 12–15 Minuten gar kochen. Die Estragonblätter waschen, fein hacken und mit der Sahne zu der Morchelsauce rühren, nochmals aufkochen. Die Sauce mit Salz und Pfeffer abschmecken.

5. Die Spargelstangen aus dem Sud heben, kurz abtropfen lassen und mit dem Schinken auf Tellern anrichten. Mit der Sauce übergossen anrichten.

GETROCKNETE MORCHELN geben sogar noch mehr Aroma ab als frische, daher können auch sie für diese Sauce verwendet werden. Etwa 10 g getrocknete Morcheln in 300 ml Wasser einweichen. Das Einweichwasser (ohne sandigen Bodensatz) anstelle der Brühe verwenden.

DAS IST
wirklich
WICHTIG

[a] SPARGEL SCHÄLEN Die Stangen auf die flache Hand legen, die Klinge kurz unterhalb des Kopfes ansetzen und zum Stangenende hin die Schale abziehen. Die Spargelenden knapp abschneiden.

[b] MORCHELN WASCHEN Die Pilze enthalten in ihren Falten oft Sand. Mit einer weichen Bürste unter fließendem Wasser vorsichtig ausbürsten. Dann auf Küchenpapier ausbreiten oder in einer Salatschleuder trocken schleudern.

[a]

POLENTA-TÖRTCHEN
mit Steinpilz-Pfirsich-Sauce

DIE KOMBINATION AUS PILZEN UND PFIRSICHEN KLINGT UNGEWÖHNLICH, SCHMECKT ABER SENSATIONELL GUT. DAZU GIBT ES OFEN-POLENTA-TÖRTCHEN.

Zutaten für 4 Portionen

300 ml Milch, Salz

125 g Instant-Polenta

1 EL Olivenöl

50 g frisch geriebener Parmesan

1 EL gehackte Petersilie

Pfeffer aus der Mühle

1 Ei (Größe L)

Butter für die Förmchen

150 g Steinpilze

2 reife Pfirsiche (vorzugsweise Weinbergspfirsiche)

1 Zwiebel, 2 Knoblauchzehen

2 EL Traubenkernöl

200 ml Rinderfond

2 EL Marsala oder Sherry

1 Zweig frische Minze

besonderes Werkzeug
- beschichteter Topf
- 4 Auflaufförmchen (à 250 ml)

Zeitbedarf
- 45 Minuten

So geht's

1. In dem beschichteten Topf die Milch mit 300 ml Wasser und ½ TL Salz aufkochen. Die Polenta einstreuen, Olivenöl zugeben und bei schwacher bis mittlerer Hitze unter Rühren 5 Minuten kochen [→a]. Den Topf vom Herd nehmen, etwas abkühlen lassen. Parmesan, Petersilie, Pfeffer und das Ei unterrühren. Die Auflaufförmchen gut fetten, zu ¾ mit der Polenta füllen. Den Backofen auf 220 °C (Umluft 200 °C) vorheizen.

2. Die Pilze mit Pinsel und Küchenpapier säubern und putzen, in Scheiben schneiden. Von den Pfirsichen die Haut abziehen [→b]. Die Früchte halbieren, entsteinen und in schmale Spalten schneiden. Die Zwiebeln und den Knoblauch schälen, die Zwiebel in Streifen schneiden, den Knoblauch hacken.

3. Die Polenta in den Ofen (Mitte) stellen und in etwa 15 Minuten hellbraun backen. In einer Pfanne das Traubenkernöl erhitzen und die Zwiebelstreifen bei mittlerer Hitze nussbraun braten. Gehackten Knoblauch und Pilzscheiben dazugeben, weitere 3 Minuten rösten. Die Pfirsichspalten unterrühren und kurz anschmoren. Fond und Marsala dazugießen, alles noch 3 Minuten sanft kochen lassen. Mit Salz und Pfeffer abschmecken.

4. Minze waschen und trocken schütteln, Blättchen abzupfen und in Streifen schneiden. Über die Pilze streuen. Zum Servieren die Polenta-Törtchen auf Teller stürzen [→c] und mit der Pilze-Pfirsich-Mischung anrichten.

DIE FLACHEN WEINBERGSPFIRSICHE werden ab Mitte August im gut sortierten Handel oder auf dem Markt angeboten. Ihr weißes Fleisch schmeckt aromatischer als das der gelbfleischigen Sorten.

DAS IST *wirklich* WICHTIG

[a] **POLENTA GAREN** Wenn die Polenta zu stark kocht, klumpt oder brennt sie leicht an. Deshalb einen beschichteten Topf nehmen und ständig fest rühren. Wenn es blubbert und spritzt, den Topf leicht anheben, bis sich die Polenta wieder beruhigt hat.

[b] **PFIRSICHE HÄUTEN** Die Haut reifer Pfirsiche lässt sich leicht abziehen. Sind die Früchte noch etwas fest, kurz in kochendem Wasser ziehen lassen und dann kalt abschrecken. Danach lassen sich die Früchte leicht häuten.

[c] **POLENTA STÜRZEN** Die Polenta am Rand mit einem spitzen Messer rundum lösen, dann lässt sie sich leichter aus den Förmchen stürzen.

HERBE WILDBEEREN
bestimmen und ernten

VOM SOMMER BIS ZUM ERSTEN FROST FINDET MAN DIE HERBEN WILDEN FRÜCHTE DER NATUR. VITAMINREICH UND OFT DORNENBEWEHRT.

Was uns von Sträuchern, Hecken und Bäumen fruchtig und bunt entgegenleuchtet, entpuppt sich oft als unbekömmlich oder sogar giftig. Daher gilt beim Sammeln herber Wildbeeren wie bei Pilzen die eine eherne Regel: Nur das kommt in den Korb, was ganz sicher bestimmt werden konnte. Wer mit dem Körbchen oder Eimerchen loszieht, sollte feste Handschuhe und gutes Schuhwerk tragen. Viele begehrte Früchte wie Berberitze oder Sanddorn wehren sich mit ihren Stacheln vor Leckermäulern.

HOLUNDER
Leicht zu erkennen ist der Schwarze Holunder (siehe auch Seite 89). Schon im Mai öffnet er seine intensiv duftenden Blütendolden, die gern in Pfannkuchenteig ausgebacken werden. Die Beeren können ab August gesammelt werden. Aber nicht roh essen, besonders die unreifen Früchte können Übelkeit und Magenbeschwerden verursachen. Gekocht eignen sich die kugeligen dunklen Beeren dann hervorragend für Kompotte und pikante Saucen.

EBERESCHE, BERBERITZE
Auch die Früchte der Eberesche, die Vogelbeeren, enthalten roh einen höchst unbekömmlichen Stoff. Durch Kochen wird der aber vollständig unschädlich gemacht. Die sehr herben Beeren schmecken am besten, wenn sie

die ersten Fröste abbekommen haben. Allerdings kann es dann vorkommen, dass die Vögel (daher der Name) schon schneller waren als wir. Aus den Beeren lässt sich der beliebte Vogelbeerschnaps brennen, doch auch herbpikante Saucen zu Wild und Geflügel können aus ihnen gekocht werden.

Die herb-säuerlichen Beeren der Berberitze (Sauerdorn!) hängen dagegen oft noch im Januar an den Sträuchern und sind dann auch am einfachsten zu ernten. Auch diese Frucht eignet sich hervorragend für pikante Saucen zu Fisch und Fleisch, zudem schmeckt sie getrocknet genascht sehr gut.

PREISELBEEREN, MOOSBEEREN

Um die kleinen, scharlachrot glänzenden Preiselbeeren und die helleren Moosbeeren zu sammeln, muss man sich bücken. Wir finden sie auf nassen, moorigen Böden und in der Heide. Als Konfitüre gekocht passt ihr leicht bitterer Geschmack gut zu Wildgerichten, aber auch zu Pfannkuchen oder in Quarkdesserts.

SANDDORN

Wirklich mühsam ist die Ernte der gelben bis orangefarbenen Sanddornbeeren. Sie sitzen zwar dicht gedrängt an den Zweigen, lassen sich aber nur schwer ablösen. Einmal sind da die Dornen im Weg, zum anderen platzen die Beeren leicht, wenn sie mit den Fingern abgezupft werden. Ernten Sie den Sanddorn unbedingt vor dem ersten Frost. Am besten schneiden Sie dazu kurze Zweigstücke ab (was den

Sträuchern ohnehin guttut) und frieren diese ein. Mit einer Gabel lassen sich die hart gefrorenen Beeren dann gut abstreifen. Die Vitamin-C-reichen Beerenfrüchte können zu Gelee und Konfitüren verarbeitet werden, ergeben einen gesunden Saft und schmecken kurz gedünstet in Desserts und Fruchtquark.

GUT VERLESEN

Bei allen herben Beeren ist es ganz wichtig, die kleinen Zweige und alle Stielreste zu entfernen. Diese schmecken besonders bitter und würden bei der Verarbeitung für einen unangenehmen Geschmack sorgen. Diese Arbeit dauert oft länger als die eigentliche Ernte der Früchte.

WO UND WANN SIE DIE WICHTIGSTEN HERBEN WILDBEEREN FINDEN

BEERENSORTE	BODEN	ERNTEZEIT
Berberitze	Lockerboden	Aug.–Nov.
Ebereschenbeere	Lehm-Sand-Boden	Sept.–Dez.
Holunderbeere	Waldrand	Aug.–Okt.
Preisel-, Moosbeere	Moorboden	Aug.–Okt.
Sanddornbeere	Sandboden	Aug.–Nov.

DAS IST *wirklich* WICHTIG

[a] FLEISCHTASCHE Schräg gegenüber dem Knochenstück mit einem spitzen, scharfen Messer in die Suprêmes einstechen. Die Öffnung soll dabei möglichst klein bleiben, im Fleisch soll aber eine genügend große Tasche für die Füllung entstehen.

[b] FLEISCH UMWICKELN Die Speckscheiben so um die Suprêmes wickeln, dass sie die gefüllte Tasche verschließen und sich auf der Hautseite überlappen – beim Braten verkleben die Speckteile und halten die Füllung im Fleisch.

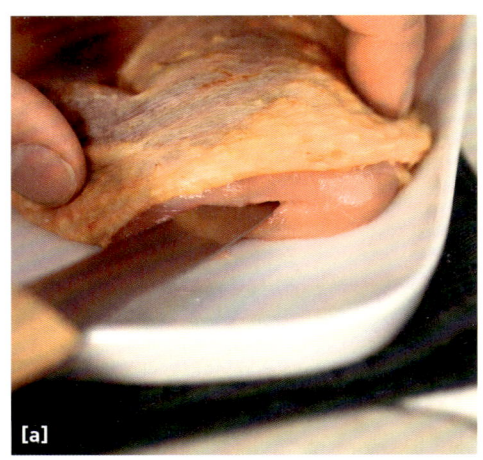

[a]

[c]

[c] SAUCE EINRÜHREN Bratfond und Ebereschen-Sirup gut verrühren, dann mehrmals über die Suprêmes löffeln, bis diese schön glänzen.

PERLHUHN-SUPRÊMES
mit Ebereschenbeeren

DAS FLEISCH DER PERLHÜHNER IST WÜRZIG UND ÄHNELT DEM DER FASANE, DIE ALLERDINGS KAUM NOCH ZU BEKOMMEN SIND.

Zutaten für 4 Portionen

50 g reife Ebereschenbeeren

½ kleiner Apfel

4 Perlhuhn-Suprêmes (Brust-filets mit Haut und dem ersten Flügelknochen; à 150 g)

Salz, Pfeffer aus der Mühle

1 Knoblauchzehe

125 g Wiesen-Champignons

2 EL Butter

1 EL gehackte Kräuter (Petersilie, Kerbel, etwas Estragon)

450 ml Weißwein

8 dünne Speckscheiben

100 g Zucker

1 TL Zitronensaft

Zeitbedarf
▪ 1 Stunde 30 Minuten

So geht's

1. Die Beeren verlesen und waschen. Den Apfel waschen, ungeschält samt Kerngehäuse klein würfeln. Beeren und Apfelstücke mit 50 ml Wasser in einen Topf geben, aufkochen und zugedeckt bei schwacher Hitze gut 45 Minuten garen, bis die Beeren ganz weich sind. Bei Bedarf Wasser nachgießen.

2. Mit einem scharfen Messer seitlich eine Tasche in die Suprêmes einschneiden [→a]. Das Fleisch rundum leicht salzen und pfeffern. Den Knoblauch schälen. Die Wiesen-Champignons mit Pinsel und Küchenpapier säubern, die Hälfte davon fein würfeln. In einem Pfännchen 1 EL Butter aufschäumen lassen, die Pilzwürfel bei mittlerer Hitze 3 Minuten andünsten. Den Knoblauch dazupressen. Kräuter und 2 EL Weißwein einrühren, weiterkochen, bis die Flüs-sigkeit fast verdampft ist. Salzen, pfeffern und vom Herd nehmen.

3. Die Suprêmes mit der Pilzmischung füllen, die Öffnungen mit den Händen verschließen und das Fleisch an dieser Stelle mit Speck-scheiben umwickeln [→b].

4. In der Schmorpfanne 1 EL Butter erhitzen. Die Suprêmes erst auf der Haut-, dann auf der Fleischseite bei schwacher Hitze jeweils rund 7 Minuten anbraten. Die übrigen Wiesen-Champignons vier-teln und dazugeben. Etwas von dem restlichen Wein angießen und die Perlhuhnstücke zugedeckt bei schwacher Hitze 30 Minuten schmoren. Ab und zu etwas Wein nachgießen und die Suprêmes mit dem eigenen Bratfond beträufeln.

5. Die Beeren-Apfel-Mischung durch ein feines Sieb streichen, zu-rück in den Topf geben. Mit Zucker, Zitronensaft und 2 EL Weiß-wein verrühren und noch 10 Minuten bei schwacher Hitze offen köcheln. Die Mischung in den Bratfond einrühren, vor dem Servie-ren die Suprêmes mit der Sauce überziehen [→c].

HÄHNCHENBRUST
mit Pilzfüllung und Maisflans

DIE MIT WÜRZIGEN PILZEN GEFÜLLTEN HÄHNCHENFILETS WERDEN HIER EINMAL SANFT IN FOLIE GEGART. DAZU GIBT ES KLEINE MAISFLANS.

Zutaten für 4 Portionen

150 g Semmel-Stoppelpilze

100 g altbackenes Weißbrot (ohne Rinde)

ca. 125 ml Milch zum Einweichen und für die Maisflans

200 g Maiskörner (Dose)

2 Eier

2 EL Mehl

Salz, Pfeffer aus der Mühle

Butter für die Förmchen

1 Schalotte

ca. 3 EL Butter

4 Hähnchenbrustfilets (à 175 g)

2 EL frisch geriebener Parmesan

150 ml Geflügelfond

2–3 EL Pilzfond (siehe Seite 17)

besonderes Werkzeug
- Mixer oder Pürierstab
- 4 kleine Auflaufförmchen (à 125 ml)

Zeitbedarf
- 1 Stunde

So geht's

1. Die Pilze putzen und vierteln. Das Weißbrot würfeln und in einer Schüssel mit 3 EL Milch beträufeln.

2. Den Backofen auf 175 °C (Umluft 165 °C) vorheizen. Die Maiskörner mit knapp 100 ml Milch, 1 Ei und dem Mehl im Mixer fein pürieren, mit Salz und Pfeffer würzen. Die Förmchen gut mit Butter einfetten, die Masse einfüllen. Die Flans im Ofen (Mitte) etwa 35 Minuten garen, bis sie stocken [→a].

3. Die Schalotte schälen und klein würfeln. In einer Pfanne 1 EL Butter zerlassen, die Pilzviertel gut 5 Minuten bei schwacher Hitze andünsten, die Schalottenwürfel dazugeben und weiter sanft schmoren, bis die ganze Flüssigkeit verdampft ist.

4. Die Hähnchenbrustfilets zurechtschneiden, die Abschnitte aufheben, dann seitlich einschneiden und aufklappen [→c]. Unter Klarsichtfolie mit der flachen Seite des Fleischklopfers dünn klopfen. Die Fleischabschnitte mit dem eingeweichten Brot im Mixer fein pürieren. Mit 1 Ei, der Pilz-Schalotten-Mischung und dem Parmesan verrühren, mit Salz und Pfeffer würzen.

5. Die Fleisch-Parmesan-Masse auf die Hähnchenfilets streichen, diese aufrollen. 4 Stücke Klarsichtfolie mit Butter bestreichen, Hähnchenrollen erst in Klarsichtfolie, dann in Alufolie einwickeln, Enden fest zudrehen. In einem breiten Topf etwa 5 cm hoch Wasser aufkochen, Folienrollen einlegen und bei schwacher Hitze 12 Minuten garen.

6. Den Geflügelfond mit dem Pilzfond aufkochen. Die Folienpakete aus dem Wasser heben, die Hähnchenrollen auswickeln und schräg in Scheiben schneiden. Die Maisflans auf Teller stürzen, mit der aufgekochten Fondmischung umgießen und die Hähnchenscheiben darauf anrichten.

DAS IST *wirklich* WICHTIG

....

[a] MAISFLANS Zur Garprobe die Maisflans mit dem Kochlöffel antupfen. Sie sollten sich dabei fest anfühlen. Zum Stürzen die Flans mit der Messerspitze vom Rand lösen.

[c] FILETS ZUSCHNEIDEN Die spitz zulaufenden Enden und die abstehenden Fleischstücke für die Füllung großzügig wegschneiden. Die Filets auf der dünneren Seite beginnend bis knapp zum Rand einschneiden und aufklappen.

DAS IST *wirklich* WICHTIG

[a] KARTOFFELN GAREN Die Kartoffeln sollten fast durch sein, bevor sie in den Eintopf kommen. Durch die Säure der Tomaten könnten sie sonst nicht fertig garen.

[b] KRÄUTER Legen Sie die Kräuter unzerkleinert samt Stielen auf das Gericht. Durch das lange Schmoren geben sie ihr volles Aroma ab. Vor dem Servieren werden sie entfernt.

[c] GARNELEN GAREN Versenken Sie die Garnelen nur sanft in dem Eintopf. Zu langes und heißes Garen lässt sie sonst zu hart werden.

[b]

OFENTOPF
mit Waldpilzen

TYPISCH FÜR PORTUGALS EINTÖPFE IST DAS SPIEL AUS PILZEN, FLEISCH UND MEERESFRÜCHTEN. LANGE GESCHMORT SCHMECKT DAS WUNDERBAR.

Zutaten für 4 Portionen

400 g festkochende Kartoffeln

250 g Schweinefilet, Salz

150 g gemischte Waldpilze

500 g Tomaten

2 grüne Paprikaschoten

2 Zwiebeln, 2 Knoblauchzehen

2 EL Olivenöl

2 TL mildes Paprikapulver

½ TL scharfes Paprikapulver

Pfeffer aus der Mühle

½ Bund Petersilie

4 Zweige Thymian

2 Lorbeerblätter

350 ml Gemüsebrühe

250 g geschälte Garnelen

1 Bund Koriandergrün

besonderes Werkzeug
▪ großer ofenfester Schmortopf mit Deckel

Zeitbedarf
▪ 1 Stunde 45 Minuten

So geht's

1. Die Kartoffeln waschen, in gesalzenem Wasser in 20 Minuten knapp gar kochen [→a]. Das Schweinefilet in walnussgroße Stücke schneiden. Die Pilze mit Pinsel und Küchenpapier säubern, putzen (von Butterpilzen die klebrige Huthaut abziehen) und in Scheiben schneiden.

2. Die Tomaten mit kochendem Wasser kurz überbrühen, häuten, Stielansätze entfernen und Tomatenfleisch grob würfeln. Paprikaschoten waschen, putzen und in Streifen schneiden, Stielansätze, Kerne und Trennhäute entfernen. Die Zwiebeln und den Knoblauch schälen, nicht zu fein hacken. Die Kartoffeln abgießen, pellen und in walnussgroße Stücke schneiden. Den Backofen auf 180 °C (Umluft 160 °C) vorheizen.

3. Im Schmortopf das Öl erhitzen. Das Fleisch bei mittlerer Hitze rundum hellbraun anbraten. Die Zwiebelwürfel dazugeben und bräunen. Pilzscheiben, Paprikastreifen und Knoblauchwürfel unterrühren und alles noch etwa 5 Minuten schmoren. Tomaten- und Kartoffelstücke untermischen. Mit beiden Sorten Paprikapulver, Salz und Pfeffer kräftig würzen. Die Kräuter waschen und trocken schütteln, unzerteilt mit den Lorbeerblättern obenauf legen [→b]. Die Brühe dazugießen und aufkochen. Den Eintopf zugedeckt im Ofen (Mitte) 50 Minuten garen.

4. Garnelen kalt abbrausen, trocken tupfen und zu dem Eintopf geben. Den Topf zugedeckt zurück in den Ofen stellen und weitere 10 Minuten garen [→c]. Das Koriandergrün waschen, trocken schütteln, Blätter abzupfen und fein hacken. Den Topf erst bei Tisch abdecken, Kräuterstängel entfernen und das Gericht mit dem gehackten Koriandergrün bestreuen.

DAS IST *wirklich* WICHTIG

[a] SPARERIBS TEILEN Die Spareribs lassen sich an den fleischigen Stellen zwischen den Rippenknochen leicht mit einem stabilen Messer zerteilen. Oder Sie bitten gleich den Metzger beim Einkauf darum.

[a]

[b] SPEISESTÄRKE Zum Binden der Sauce die Stärke vorher in kalter Flüssigkeit unter Rühren auflösen, sonst gibt es beim Erhitzen Klümpchen. Notfalls mit dem Pürierstab glatt mixen.

[c] GRILLROST Den Grillrost zuerst gut heiß werden lassen, dann erst mit dem Öl bestreichen. Sofort das Fleisch auflegen, sonst wird das Öl zu heiß und qualmt.

CHINA-SPARERIBS
mit süß-saurer Hagebuttensauce

N CHINA WERDEN DIE SPARERIBS ZUERST IN WÜRZIGER SAUCE GEKOCHT UND
DANN ERST GEGRILLT – SO BLEIBEN SIE SAFTIG UND SCHMECKEN WÜRZIG.

Zutaten für 4 Portionen

1 ½ kg fleischige Spareribs

Salz

60 ml helle Sojasauce

100 g frische Hagebutten

4 Knoblauchzehen

3 cm frischer Ingwer

60 ml Shaoxing-Wein
(chinesischer Reiswein)
oder Sherry medium

50 ml Weißweinessig

50 g brauner Zucker

1 ½ TL Speisestärke

Tabascosauce

Öl für den Grillrost

Zeitbedarf
▪ 1 Stunde +
  40 Minuten garen

So geht's

1. Die Spareribs in etwa 4 cm große Stücke teilen [→a]. In einen Topf geben, mit kaltem Wasser bedecken, salzen und aufkochen. Sobald sich Schaum bildet, die Spareribs abgießen, kurz abbrausen und wieder in den Topf geben. Erneut mit Wasser bedecken, die Hälfte der Sojasauce dazugießen, aufkochen und zugedeckt bei schwacher Hitze 30 Minuten garen.

2. Die Hagebutten waschen, Blütenreste und Stielansätze wegschneiden. Die Früchte vierteln, Kerne samt Samenhärchen entfernen (Einweghandschuhe tragen). Die Hagebuttenviertel nochmals abbrausen. In einen Topf geben, mit Wasser bedecken und bei schwacher Hitze in 30 Minuten weich kochen.

3. Die Spareribs vom Herd nehmen und in der Kochbrühe abkühlen lassen. Die Hagebutten durch ein feines Sieb streichen. Knoblauch und Ingwer schälen, sehr fein hacken. Mit den Hagebutten, der restlichen Sojasauce, Shaoxing-Wein, Essig, Zucker und Speisestärke [→b] verrühren. 100 ml von der Spareribs-Kochbrühe dazugießen, alles aufkochen und 5 Minuten bei schwacher Hitze köcheln lassen. Vom Herd nehmen und mit Tabascosauce pikant abschmecken.

4. Den Holzkohlen- oder Backofengrill anheizen. Die Spareribs aus dem Sud heben und mit Küchenpapier trocken tupfen. Mit ⅓ der Hagebutten-Sauce rundum bepinseln. Den heißen Grillrost mit Öl fetten, die Spareribs auflegen [→c] und bei mittlerer bis starker Hitze etwa 5 Minuten pro Seite grillen, bis sie leicht gebräunt sind. Mit der restlichen Sauce servieren.

LAMMKOTELETTS
mit Berberitzen-Reis

MIT BERBERITZEN GEDÄMPFTER REIS, WIE ER IN PERSIEN ZUBEREITET WIRD.
DAZU GIBT ES LAMM UND EIN CHUTNEY AUS HOLZÄPFELN.

Zutaten für 4 Portionen

300 g Basmati-Reis

Salz

300 g Holzäpfel

75 ml Apfelessig

2 Zwiebeln

60 g Blütenhonig

½ TL Chiliflocken

75 g Berberitzen

3 EL Butter

3 EL Öl

4 doppelte Lammkoteletts
(über 2 Rippen geschnitten,
mit Filet; à 150 g)

2 Knoblauchzehen

Pfeffer aus der Mühle

besonderes Werkzeug
- großer beschichteter Topf
- kleiner Kugelausstecher

Zeitbedarf
- 1 Stunde +
  1 Stunde garen

So geht's

1. Den Reis in einem Sieb waschen, in den beschichteten Topf füllen, mit warmem Salzwasser gut bedecken und 30 Minuten quellen lassen. Holzäpfel schälen, halbieren, Kerngehäuse mit dem Kugelausstecher entfernen [→a]. Apfelhälften in Spalten schneiden, mit dem Apfelessig in einen Topf geben. Zwiebeln schälen, grob würfeln, mit Honig, Salz und Chiliflocken zu den Apfelspalten geben. Mit Wasser gut bedecken, aufkochen. Zugedeckt bei schwacher Hitze 30 Minuten garen, abkühlen lassen.

2. Berberitzen verlesen, waschen, im Sieb abtropfen lassen. In einem Pfännchen ½ EL Butter erhitzen, Berberitzen 2 Minuten bei schwacher Hitze andünsten, beiseitestellen. Reis kurz aufkochen, abgießen. Den Topf säubern.

3. In dem beschichteten Topf die restliche Butter und 1 EL Öl zerlassen. Eine Lage Reis einschichten, mit den gedünsteten Berberitzen bestreuen, restlichen Reis darüber verteilen. 4 EL Wasser über den Reis träufeln, mit einem Kochlöffelstiel einige Löcher eindrücken. Gut zugedeckt auf mittlerer Stufe erhitzen, bis etwas Dampf austritt. Bei schwacher Hitze 30 Minuten dämpfen.

4. Die Lammkoteletts mit Küchenpapier säubern [→b]. Den Knoblauch schälen und durchpressen, mit 2 EL Öl verrühren. Die Koteletts auf beiden Seiten mit dem Knoblauchöl bepinseln. Eine schwere Pfanne stark erhitzen und die Koteletts auf beiden Seiten je 1 Minute anbraten. Dann bei mittlerer Hitze in insgesamt 5 Minuten medium oder in 8–10 Minuten durch braten. Die Pfanne vom Herd nehmen, die Koteletts salzen und pfeffern, noch 2–3 Minuten ruhen lassen.

5. Den Boden des Reistopfes kurz in kaltes Wasser halten, damit sich die Kruste löst. Reis auf eine große Anrichteplatte stürzen [→c], mit den Koteletts umlegen und mit dem Chutney servieren.

HOLZÄPFEL, BERBERITZEN

[a]

DAS IST
wirklich
WICHTIG

....

[a] HOLZÄPFEL SCHNEIDEN Vorsicht
beim Zerteilen der kleinen, harten
Holzäpfel – am besten in die Saftrinne eines Bratenbretts legen, damit
sie beim Schneiden nicht so leicht
davonspringen.

[b] LAMMKOTELETTS SÄUBERN
Waschen Sie die Lammkoteletts
nicht, sonst entsteht beim Braten
keine Kruste. Reiben Sie nur mit
einem feuchtem Küchenpapier alle
Knochenreste ab.

[c] REIS Der fertig gedämpfte Reis
sollte eine knusprige Kruste am
Topfboden gebildet haben. Wer mag,
bricht die Kruste in Stücke und garniert damit das Gericht.

DER SCHLEHDORN
Die herbe wilde Pflaume

WER ZU FRÜH KOMMT, DEN BESTRAFT DIE SCHLEHE MIT SÄUERLICH-BITTEREM GESCHMACK. ERST MINUSGRADE MACHEN SIE SÜSS, ABER DAS WISSEN AUCH VÖGEL UND ANDERE OBSTLIEBHABER.

Wer zu lange wartet, dem sind vielleicht andere Pflücker zuvorgekommen. Kugelrund, schwarzblau und bereift sehen die Steinfrüchte des dornenbewehrten Schlehenstrauches aus. Sobald der erste Frost über sie gegangen ist, sind sie sehr begehrt. Dann wird die Stärke in den Früchten zu Zucker umgebaut, jetzt schmecken sie richtig süß. Das wissen nicht nur die Vögel, sondern auch die Beerensammler. An Waldrändern und Böschungen plündern sie dann die Sträucher.

GENÜSSE AUS SCHLEHEN

Wer nicht auf den ersten Frost warten und trotzdem süße Schlehen genießen will, legt die Früchte einfach über Nacht ins Gefrierfach. So lassen sie sich außerdem auf Vorrat halten. Der Geschmack der rohen Früchte erinnert sehr an Zwetschgen – und wahrscheinlich ist der Schlehdorn auch Vorfahre der Zwetschge und Pflaume. Auch die Verwendungsmöglichkeiten sind ähnlich: Man verarbeitet Schlehen zu Kompott, Konfitüre und Saft oder legt sie süß-sauer ein als Beilage zu Wildgerichten. Vor allem aber werden Schlehen gern zu Obstwein vergoren oder mit Alkohol veredelt – zum „Aufgesetzten".

GESCHICHTE DER SCHLEHE

Der Name Schlehe entstammt dem althochdeutschen Wort „sleha" (bläulich). Damit verwandt ist das altslawische Wort „sliva", das wir im „Sliwowitz", dem serbischen Obstbrand aus Pflaumen, wiederfinden. Dass die herben Beeren schon in der jüngeren Steinzeit geschätzt waren, zeigen Funde von Fruchtkernen bei Pfahlbauten.

ALTES HAUSMITTEL

In der Volksmedizin waren Blüten und Früchte beliebt. Hildegard von Bingen empfahl die Schlehe im 12. Jahrhundert gegen Magenleiden und Gicht. Sebastian Kneipp setzte einen Teeaufguss aus Schlehdornblüten als mildes Abführmittel ein. Eine Konfitüre aus reifen Beeren, aufs Butterbrot gestrichen, regt die Magensaftbildung an und hilft gegen morgendliche Appetitlosigkeit. Dafür werden die Früchte über Nacht in kaltes Wasser gelegt, dann knapp mit frischem Wasser bedeckt weich gekocht und durch ein Sieb gestrichen. Das Püree wird mit der halben Gewichtsmenge Zucker dick eingekocht. Wer ein noch volleres Aroma schätzt, verwendet eine Mischung aus halb Weißwein und halb Wasser.

[b]

DAS IST *wirklich* WICHTIG

[a] SUPPENGRÜN WÜRFELN Alle Teile des Suppengrüns in gleich große Stücke würfeln. So lassen sie sich gut anbraten und verleihen der Sauce ihre Würze.

[b] RAGOUT ANBRATEN Die Ragoutstücke müssen beim Anbraten genug Platz im Topf haben, sonst gibt das Fleisch zu viel Saft ab und bräunt nicht. Braten Sie die Stücke am besten portionsweise an.

[c] SCHLEHEN PASSIEREN Die Früchte so lange in dem Sieb drücken und wenden, bis das Fruchtfleisch durchpassiert ist. Auch das Püree an der Unterseite des Siebs zu dem Ragout streichen.

DAS PÜREE VOM SIEB ABSTREIFEN.

[c]

REHRAGOUT
mit Schlehen

MIT DIESEM HERZHAFTEN RAGOUT KANN MAN SICH IM WINTER SO
RICHTIG AUFWÄRMEN. GEWÜRZT IST ES MIT HERBEM SCHLEHENPÜREE.

Zutaten für 4 Portionen

1 kg Rehfleisch (Schulter, Hals,
Brust; möglichst ⅔ Fleischanteil,
Rest Knochen; ca. 3 cm groß
gewürfelt)

100 g reife Schlehen

1 Bio-Orange

1 große Zwiebel

1 Bund Suppengemüse

2 EL Öl

2 EL Tomatenmark

300 ml kräftige Gemüsebrühe

Salz, Pfeffer aus der Mühle

besonderes Werkzeug
- Zestenreißer
- großer Schmortopf

Zeitbedarf
- 40 Minuten +
  1 Stunde 30 Minuten garen

So geht's

1. Das Rehfleisch kurz unter kaltem Wasser abbrausen, in einem
Sieb gut abtropfen lassen. Die Schlehen waschen, mehrmals einschneiden und mit 200 ml Wasser in einen Topf geben. Aufkochen
und zugedeckt bei mittlerer Hitze in 15 Minuten weich kochen.

2. Die Orange heiß waschen, mit Küchenpapier trocknen, etwa
2 EL Schale mit dem Zestenreißer abraspeln. Die Orange auspressen. Die Zwiebel schälen, das Suppengemüse waschen, putzen und – wenn nötig – schälen. Zwiebel und das Suppengemüse
sehr klein würfeln [→a].

3. In einem Schmortopf das Öl erhitzen. Die Fleischstücke mit Küchenpapier trocken tupfen und in dem Öl bei mittlerer Hitze in
10–15 Minuten anbräunen [→b], dabei öfter wenden. Gemüse- und
Zwiebelwürfel zu dem Ragout geben und goldgelb rösten. Das Tomatenmark einrühren und kurz anschmoren, Brühe dazugießen
und unter Rühren aufkochen lassen.

4. Ein Sieb über den Topf hängen, die Schlehen mitsamt dem Sud
einfüllen und das Fruchtfleisch mit einem Löffel zu dem Ragout
streichen [→c]. Das Ragout mit der abgeriebenen Orangenschale,
Orangensaft, Salz und Pfeffer abschmecken, zugedeckt bei schwacher Hitze 1 Stunde 30 Minuten schmoren. Bei Bedarf etwas Wasser nachgießen. Vor dem Anrichten nochmals abschmecken.

SCHLEHEN sollten vor der Ernte schon ein paar Frostnächte hinter sich
haben, sonst schmecken sie sehr sauer. Andernfalls legen Sie die Früchte
über Nacht ins Gefrierfach, das mildert die Säure.

SEETEUFEL-MEDAILLONS
mit Morcheln und Kohlrabi

EIN FEINES FRÜHLINGSGERICHT, WENN ES DIE FRISCHEN
MORCHELN GIBT UND DIE KOHLRABI NOCH GANZ ZART SIND.

Zutaten für 4 Portionen

600 g Seeteufelfilet (ohne Haut)

200 g frische Spitz-Morcheln
oder Mai-Morcheln

4 Kohlrabiknollen
(mit jungen Blättern)

50 g Butter

Salz

1 Prise Zucker

100 ml Weißwein

1 EL Öl

Pfeffer aus der Mühle

200 g Sahne

frisch geriebene Muskatnuss

Zeitbedarf
▪ 45 Minuten

So geht's

1. Das Seeteufelfilet mit Küchenpapier trocken tupfen, eventuell noch vorhandene Häutchen entfernen [→a]. Das Filet in 2,5 cm dicke Medaillons schneiden. Die Morcheln gründlich abbrausen, dabei mit einer weichen Bürste den Sand aus den Falten entfernen. Die Morcheln auf Küchenpapier ausbreiten, gut abtropfen lassen.

2. Die Kohlrabi waschen, zarte Blättchen ablösen und in Streifen schneiden. Die Knollen schälen und in bleistiftdünne Streifen schneiden. In einem flachen Topf 25 g Butter zerlassen. Die Kohlrabistifte zugeben, mit Salz und Zucker würzen. Den Wein dazugießen und die Kohlrabistifte zugedeckt bei schwacher Hitze in etwa 15 Minuten bissfest garen.

3. Den Backofen auf 60 °C (Umluft 50 °C) vorheizen. In einer Pfanne das Öl erhitzen, die restliche Butter dazugeben und aufschäumen lassen. Die Fischmedaillons salzen und pfeffern, bei mittlerer Hitze beidseitig jeweils 2 Minuten anbraten. Aus der Pfanne heben und im Ofen warm stellen. Die Morcheln in die Pfanne geben und kurz andünsten, bis sie zu braten beginnen. Die Sahne dazugießen, die Mischung in etwa 5 Minuten cremig einkochen [→b].

4. Die Kohlrabiblättchen unter die Morchel-Sahne-Sauce rühren, mit Salz, Pfeffer und einer Prise Muskat abschmecken. Die gegarten Kohlrabistreifen auf Tellern anrichten, die Sauce darüber verteilen und die Seeteufel-Medaillons obenauf legen.

SEETEUFELFILET ist ideal für alle, die Angst vor Gräten haben. Der auch Lotte genannte Fisch hat nämlich nur eine knorpelige Mittelgräte.

DAS IST *wirklich* WICHTIG

[a] HAUT ENTFERNEN Die Haut des Seeteufels wird beim Garen hart und zäh. Deshalb vor dem Braten sorgfältig alle Hautreste mit einem spitzen Messer lösen und abziehen.

[b] SAUCE EINKOCHEN Die eingekochte Sauce soll gerade so dickflüssig sein, dass sie am Kochlöffel haften bleibt.

[a]

MORCHELN

[b]

DIE SAUCE BLEIBT AM KOCHLÖFFEL HAFTEN.

DAS IST
wirklich WICHTIG

....

[a] WASSERBAD Damit die Eigelbe nicht gerinnen, darf die Schüssel nur im Dampf stehen, nicht im Wasser. Dieses soll nur ganz leise sieden. Die Masse ständig mit dem Schneebesen schlagen, bis sie bindet und so cremig wie angeschlagene Sahne ist.

[b] EIS GEFRIEREN Nehmen Sie das Eis ab und zu aus dem Gefrierfach und rühren Sie es mit einer Gabel kräftig durch. So bilden sich keine Eisnadeln.

PFIRSICH MELBA
mit Ebereschen-Eis

KLASSISCH WERDEN DIE GEDÜNSTETEN PFIRSICHE MIT VANILLEEIS SERVIERT, RAFFINIERTER IST EINE SELBST GEMACHTE EISCREME AUS EBERESCHENBEEREN.

Zutaten für 4 Portionen

60 g Ebereschenbeeren

1 Apfel oder Birne (süß und mehlig; ca. 60 g)

85 ml Weißwein

100 g Zucker

200 ml Milch

1 TL Vanillezucker

2 frische Eigelb

70 g Sahne

4 Pfirsiche (möglichst weißfleischig)

250 g Himbeeren

1–2 EL flüssiger Honig

besonderes Werkzeug
- Wasserbadschüssel

Zeitbedarf
- 1 Stunde +
  3–4 Stunden kühlen

So geht's

1. Die Ebereschenbeeren verlesen und waschen. Den Apfel schälen, Kerngehäuse entfernen, klein würfeln. Beeren und Apfelwürfel mit Wein und 1 EL Zucker aufkochen, zugedeckt 10 Minuten kochen lassen. Durch ein Sieb streichen.

2. In der Wasserbadschüssel die Milch mit 60 g Zucker, dem Vanillezucker und den Eigelben verquirlen. Über dem heißen Wasserbad schlagen, bis die Mischung bindet [→a], dann die Schüssel sofort in kaltes Wasser stellen und die Masse unter wiederholtem Rühren abkühlen lassen. Das Ebereschen-Apfel-Püree untermischen. Die Sahne steif schlagen und mit dem Schneebesen unterheben. Die Mischung in eine Schale füllen und abgedeckt in 3–4 Stunden tieffrieren, dabei ab und zu durchrühren [→b].

3. Die Pfirsiche kurz in kochendes Wasser tauchen, kalt abschrecken und etwas abgekühlt häuten. Pfirsiche halbieren, die Steine auslösen. Den restlichen Zucker mit 125 ml Wasser aufkochen, die Pfirsichhälften in den Sud legen und zugedeckt bei schwacher Hitze 5 Minuten ziehen lassen. Den Topf vom Herd nehmen und die Pfirsiche in dem Sud abkühlen lassen.

4. Die Himbeeren in einem Sieb kurz kalt abbrausen und abtropfen lassen. Ein paar Beeren beiseitelegen, die übrigen mit dem Pürierstab glatt mixen und durch das Sieb streichen. Mit dem Honig verrühren. Das Ebereschen-Eis etwa 30 Minuten vor dem Servieren in den Kühlschrank stellen.

5. Die Pfirsichhälften abtropfen lassen und auf Tellern anrichten. Mit dem Himbeerpüree übergießen, mit den ganzen Himbeeren garnieren. Das Ebereschen-Eis mit dem Eiskugelformer neben die Pfirsiche setzen.

NUR GUT GE-
KÜHLT LÄSST
SICH DIE
MASSE AUF-
SCHLAGEN.

[a]

DAS IST *wirklich* WICHTIG

[a] MASSE KÜHLEN Die Himbeer-Schokoladen-Masse soll richtig gut durchkühlen. Danach lässt sie sich so luftig-cremig wie Schlagsahne aufschlagen.

[b] MÜRBETEIG KNETEN Die Butter rasch mit kalten Fingern (Hände unter kaltem Wasser abspülen und trocknen) zu Bröseln verkneten. Schnell das verquirlte Ei untermischen. So wird der Teigboden schön knusprig.

[b]

SCHOKOLADEN-TARTE
mit Himbeeren

AUF KNUSPRIGEN MÜRBETEIG KOMMT EINE WEISSE SCHOKOLADENCREME
MIT HIMBEEREN. ETWAS AUFWENDIG, SCHMECKT ABER HIMMLISCH.

Zutaten für 6 Portionen

150 g wilde Himbeeren

125 g weiße Kuvertüre

200 g Sahne

200 g Mehl

25 g Zucker

1 Prise Salz

150 g kalte Butter

1 Ei

Butter für die Form

Mehl zum Formen

besonderes Werkzeug
▪ Tarteform (Ø 24 cm)

Zeitbedarf
▪ 1 Stunde 15 Minuten +
  3–4 Stunden kühlen

So geht's

1. Die Himbeeren verlesen, kurz in stehendem Wasser waschen, im Sieb abtropfen lassen. Die Kuvertüre in grobe Stücke brechen. In einem Topf die Sahne erhitzen, die Kuvertüre zugeben und unter Rühren schmelzen. 100 g Himbeeren dazugeben und 5 Minuten erhitzen. Die Himbeer-Schokoladen-Sahne durch ein Sieb in eine Schüssel streichen. Abkühlen lassen, ab und zu umrühren. Dann mindestens 3 Stunden (oder über Nacht) in den Kühlschrank stellen [→a].

2. Für den Mürbeteig das Mehl in einer Schüssel mit Zucker und Salz vermischen. Die Butter in kleine Stücke schneiden, über dem Mehl verteilen und alles mit den Fingern rasch bröselig vermischen. Das Ei mit der Gabel verquirlen und zu dem Teig gießen, alles vermischen [→b].

3. Die Tarteform mit Butter ausfetten. Den Teig in die Form geben, mit bemehlten Händen ausbreiten, einen etwa 2 cm hohen Rand formen. Den Teigboden mit der Gabel mehrmals einstechen und die Form 30 Minuten sehr kalt stellen.

4. Den Ofen auf 200 °C (Umluft 180 °C) vorheizen. Den Teig etwa 17 Minuten hellbraun backen. Aus dem Ofen nehmen und gut abkühlen lassen.

5. Die gekühlte Himbeer-Schoko-Sahne cremigsahnig aufschlagen und den Mürbeteigboden damit füllen. Die Oberfläche mit dem Teigspatel glatt streichen. Die übrigen Himbeeren auf der Füllung verteilen und leicht eindrücken.

Die Variante

Himbeer-Schoko-Tiramisu
Die aufgeschlagene Himbeer-Schoko-Sahne lässt sich auch zu einem feinen Tiramisu verarbeiten: 150 g Löffelbiskuits einige Sekunden in kalten Espresso tauchen, den Boden einer Form damit auslegen. Dann abwechselnd mit der Sahne weiter in die Form schichten. 3–4 Stunden im Kühlschrank ziehen lassen, mit geriebener Zartbitter-Schokolade bestreut servieren.

WILDBEEREN AUF RICOTTA
mit Amaretto

BEIM ÜBERBACKEN VERSINKEN DIE BEEREN EIN WENIG IN DER EIER-RICOTTA-CREME. DAS GIBT EIN BESONDERS DEKORATIVES WARMES DESSERT.

Zutaten für 4 Portionen

250 g gemischte Wildbeeren (Walderdbeeren, Himbeeren, Brombeeren, Heidelbeeren)

2 Eier

2 EL Zucker

1 Pckg. Vanillezucker

250 g Ricotta oder Sahne-Quark

2 EL gehackte Walnusskerne

1 EL Amaretto (Mandellikör) oder Mandelsirup

Butter für die Förmchen

besonderes Werkzeug
- 4 Gratinierförmchen (à 250 ml)

Zeitbedarf
- 25 Minuten –
  20 Minuten backen

So geht's

1. Die Beeren verlesen, kurz in stehendem Wasser waschen, sehr gut abtropfen lassen. Den Backofen auf 200 °C (Umluft 180 °C) vorheizen.

2. Die Eier trennen. Die Eigelbe mit 1 EL Zucker und dem Vanillezucker weißschaumig schlagen. Ricotta, Walnusskerne und Amaretto untermischen. Die Eiweiße mit 1 EL Zucker zu schnittfestem Schnee schlagen und unter die Ricotta-Masse heben.

3. Die Gratinierförmchen mit Butter befetten, die Ricotta-Masse einfüllen. Die Beeren darüber verteilen. Im Ofen etwa 20 Minuten überbacken, bis die Ricotta-Masse gebräunt ist. Warm servieren.

APFEL-SANDDORN-SAHNE
mit Mandelstiften

FRISCH ZUBEREITETES SANDDORNMUS IST BESONDERS VITAMINREICH UND VERLEIHT APFELSTÜCKCHEN UND SAHNE EINE HERBSÄUERLICHE NOTE.

Zutaten für 4 Portionen

50 g Sanddornbeeren

2 EL Akazienhonig

2 Äpfel

200 g kalte Sahne

2 EL Puderzucker

4 EL Mandelstifte

Zeitbedarf
- 45 Minuten

So geht's

1. Die Sanddornbeeren waschen, mit 3 EL Wasser in einen Topf geben und aufkochen, bis die Beeren platzen. Durch ein Sieb streichen und das Mus mit dem Honig verrühren. Die Äpfel schälen, vierteln, Kerngehäuse entfernen, klein würfeln.

2. Die Sahne mit dem Puderzucker steif schlagen. Das Sanddorn-Honig-Mus unter die Sahne heben. Apfelwürfel untermischen. Die Masse auf Dessertschalen verteilen.

3. Die Mandelstifte in einem Pfännchen ohne Fett hellbraun anrösten und über die Apfel-Sanddorn-Sahne streuen. Sofort servieren.

DIE SANDDORNBEEREN ernten Sie am einfachsten, indem Sie einen ganzen Zweig vom Busch abschneiden. Die Beeren werden anschließend mit einer Gabel abgestreift und verlesen.

QUARKSOUFFLÉS
mit Himbeeren

BEI DEN LUFTIGEN SOUFFLÉS MÜSSEN DIE GÄSTE AUF DEN NACHTISCH WARTEN, NICHT UMGEKEHRT. SONST FALLEN SIE ZUSAMMEN.

Zutaten für 4 Portionen

250 g Quark (Magerstufe)

2 Eier

Salz

7 EL flüssiger heller Honig

½ TL Vanillezucker

Butter für die Förmchen

300 g wilde Himbeeren

1 Msp. geriebene Zitronenschale

besonderes Werkzeug
- 4 Auflaufförmchen

Zeitbedarf
- 1 Stunde

So geht's

1. Den Quark in ein Sieb geben und abtropfen lassen. Backofen auf 170 °C (Umluft 160 °C) vorheizen. Ein tiefes Backblech mit Wasser füllen, sodass die Förmchen zu ⅔ darin stehen können. Wasser im Ofen erhitzen. Die Eier trennen. Eiweiße mit einer Prise Salz steif schlagen, dabei nach und nach 4 EL Honig zugeben.

2. Die Eigelbe mit dem abgetropften Quark und dem Vanillezucker verrühren. Den Honig-Ei-Schnee unterheben. Die Auflaufförmchen mit der Butter einfetten und mit der Masse zu ⅔ füllen. Die Förmchen auf das Backblech mit erhitztem Wasser stellen und 35–40 Minuten backen, bis die Oberfläche schön gebräunt ist (um nachzusehen die Ofentür frühestens nach 30 Minuten ein wenig öffnen, andernfalls fallen die Soufflés zusammen). Die Soufflés sollen auf leichten Druck mit dem Zeigefinger an der Oberfläche elastisch, aber fest sein.

3. Inzwischen die Himbeeren verlesen, kurz in stehendem Wasser waschen und abtropfen lassen. Ein paar schöne Beeren beiseitelegen, die übrigen Beeren im Mixer mit dem restlichen Honig, der Zitronenschale und 3 EL Wasser pürieren. Das Püree durch ein Sieb streichen.

4. Die Soufflés aus dem Ofen nehmen, 1 Minute ruhen lassen. Den Rand mit einem spitzen Messer lösen, mit der gebräunten Seite nach oben auf Dessertteller setzen. Das Himbeer-Honig-Püree dazugeben und mit den restlichen Beeren garnieren.

TORTELETTES
mit Kornelkirschen

FÜR DIE KEKSTÖRTCHEN BRAUCHT MAN NICHT EINMAL DEN BACKOFEN ANZUHEIZEN. DAMIT SIE NICHT DURCHWEICHEN, ERST KURZ VORM SERVIEREN FÜLLEN.

Zutaten für 4 Portionen

75 g Butter

100 g Amaretti (Mandelkekse)

2 EL Zucker

250 g Kornelkirschen

1 Bio-Zitrone

1 EL Honig

150 g Crème fraîche

besonderes Werkzeug
- 4 kleine Tortelettförmchen

Zeitbedarf
- 30 Minuten +
- 1 Stunde kühlen

So geht's

1. In einem Töpfchen die Butter zerlassen, wieder etwas abkühlen lassen. Die Kekse in einen festen Gefrierbeutel füllen und mit einem Teigroller fein zerkrümeln. Die Keksbrösel mit der zerlassenen Butter und 1 EL Zucker gründlich vermischen.

2. Die Brösel-Butter-Masse auf die Tortelettförmchen verteilen, festdrücken, sodass sie Böden bilden. Mit Folie abdecken und mindestens 1 Stunde in den Kühlschrank stellen.

3. Die Kornelkirschen waschen und abtropfen lassen. Das Fruchtfleisch von den Steinen schneiden. Die Zitrone heiß waschen, trocknen und etwa ½ TL Schale abreiben. Die Zitrone auspressen.

4. 2 EL Zitronensaft mit 250 ml Wasser und dem Honig aufkochen, die Kornelkirschen in den Sud geben und den Topf vom Herd nehmen. Die Früchte bis zum Servieren in dem Sud ziehen lassen.

5. Die Crème fraîche mit 1 EL Zucker, der geriebenen Zitronenschale und etwas Zitronensaft glatt verrühren. Die Törtchen auf Dessertteller stürzen, mit den abgetropften Kornelkirschen befüllen. Jeweils einen Klecks der Crème-fraîche-Mischung daraufsetzen und servieren.

REGISTER

Pilzberatungsstellen

Bei Ihrer Stadt- oder Gemeindever-
waltung können Sie die Adresse der
nächsten Pilzberatungsstelle erfragen.
Eine Übersicht über alle geprüften
Pilzberater finden Sie auf der Internet-
seite der Deutschen Gesellschaft für
Mykologi (DGfM) unter www.dgfm-ev.de.
Dort gibt es auch die Telefonnum-
mern der regionalen Giftnotrufe
und Giftinformationszentralen.

GUT BESTIMMT

... mit KOSMOS Naturführern

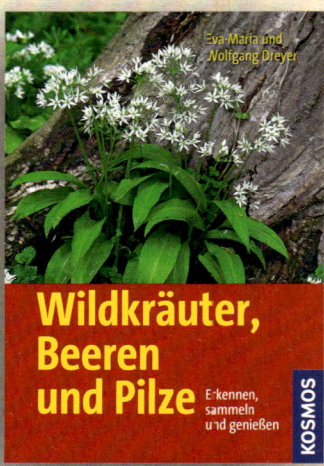

EVA-MARIA DREYER
Welche Wildkräuter und Beeren sind das?
150 Wildkräuter und Beeren einfach bestimmen
- 128 S., 185 Abb., €/D 4,95
- ISBN 978-3-440-11808-5

MARKUS FLÜCK
Welcher Pilz ist das?
170 Pilze einfach bestimmen
- 128 S., 186 Abb., €/D 4,95
- ISNB 978-3-440-11819-1

EVA-MARIA UND
WOLFGANG DREYER
Wildkräuter, Beeren und Pilze
Erkennen, sammeln und genießen
- 176 S., 170 Abb., €/D 9,95
- ISBN 978-3-440-11487-2

Ein Bestimmungsbuch für Genießer:
Haben Sie schon einmal selbstgebackenes Holunderbrot, Bärlauchöl oder Gierschkartoffeln probiert?
Damit Sie diese Genüsse frisch aus der Natur auf den Tisch bringen können, hilft Ihnen dieser Naturführer, eine Vielzahl heimischer Pflanzen und Pilze sicher zu bestimmen. Die schmackhaften Rezepte laden dann zum Nachkochen und Genießen ein.

GUT GEKOCHT

... mit Schätzen aus der Natur

REINHARDT HESS
Garten- & Wildkräuter
- 144 Seiten, 110 Abbildungen, €/D 14,95
- ISBN 978-3-440-12590-8

Abwechslungsreich: Hier finden Sie Schnelles für jeden Tag, aromatische Gaumenfreuden für besondere Gelegenheiten und Würziges für den Vorrat.
Wissenswert: Lesen Sie, wie Sie Kräuter selbst ziehen und lernen Sie bekannte und exotische Arten kennen.
So gelingt's: Genau gezeigt, wie es wirklich geht, wird schon das Kochen zum Genuss.

Regionale und saisonale Produkte –
die gute Wahl für Sammler und Genießer

AKTEURE

Reinhardt Hess ist an der Hessischen Bergstraße aufgewachsen und rührte schon als kleiner Junge in den Kochtöpfen seiner Großmutter. Nach dem Ökologiestudium machte er sein Hobby zum Beruf und wurde in München Journalist für Essen und Wein. Anschließend arbeitete er als Redaktionsleiter in Koch- und Naturbuchverlagen, bis er sich schließlich selbstständig machte. Inzwischen hat er über 50 Koch- und Weinbücher geschrieben, viele davon wurden übersetzt und etliche mit Medaillen ausgezeichnet. Am liebsten kocht er mit frischen, regionalen Produkten – vom Markt, direkt vom Erzeuger oder auch selbst gesammelt.

Alexander Walter steht seit 20 Jahren als selbständiger Fotograf hinter der Kamera. Im Auftrag renommierter Verlage und internationaler Agenturen arbeitet er dabei vor allem in den Bereichen People, Stillife und Reportage. Der leidenschaftliche Gourmet und Hobbykoch war bei über 50 Fach- und Kochbüchern für die optische Umsetzung der Konzepte verantwortlich. Mit seiner Familie lebt und arbeitet er mitten im Grünen, im schönsten bayerischen Oberland.

Michael Pannewitz setzt seit 10 Jahren als Foodstylist Gerichte verführerisch in Szene. Zuvor hat er nicht nur eine Ausbildung als Fotograf absolviert, sonder auch 16 Jahre lang in prämierten Restaurants als Koch seine Gäste verwöhnt. Unterstützt wird Michael Pannewitz von **Simon Philipp Kresse**. Nach 15 Jahren als Koch in Hotels und Restaurants in ganz Europa spezialisiert er sich nun auf das Thema Foodsytling.

Natascha Sanwald ist für Ausstattung und Requisite verantwortlich. Seit vielen Jahren arbeitet sie als Stylistin für Wohn- und Einrichtungsmagazine.

Der Verlag dankt folgenden Unternehmen für die Unterstützung dieses Buchprojekts:

· Kustermann, München, www.kustermann.de
· 1260Grad, München, www.1260grad.de
· Kochgut, München, www.kochgut-muenchen.de
· Landpartie, Kristina Stöckel by Landpartie, München
· Radspieler, München, www.radspieler.de

IMPRESSUM

Mit 111 Farbfotos von Alexander Walter

Umschlaggestaltung von Gramisci Editorialdesign, München, unter Verwendung eines Fotos von Alexander Walter

Unser gesamtes lieferbares Programm und viele weitere Informationen zu unseren Büchern, Spielen, Experimentierkästen, DVDs, Autoren und Aktivitäten finden Sie unter **www.kosmos.de**

Rezepte, Geling-Tipps, Infos zum KOSMOS-Kochbuch-Programm und vieles mehr unter **www.gut-gekocht.de**

Gedruckt auf chlorfrei gebleichtem Papier

ISBN 978-3-440-12247-1

Redaktion und Projektleitung: Claudia Salata
Lektorat: Eva Henle, Wien
Gestaltungskonzept und Layout: Gramisci Editorialdesign, München
Satz: Cordula Schaaf, Grafik-Design, München
Produktion: Eva Schmidt
Printed in Germany / Imprimé en Allemagne

FSC MIX Papier aus verantwortungsvollen Quellen FSC® C004592